W0051453

KLEINE CHRISTLICHE HAUSAPOTHEKE

HANS-MARTIN LÜBKING

KLEINE CHRISTLICHE HAUSAPOTHEKE

MIT BILDERN VON TON SCHULTEN

Verlag Agentur Altepost

IMPRESSUM

Hans-Martin Lübking
Kleine christliche Hausapotheke
Mit Bildern von Ton Schulten
1. Auflage 2020
© 2020 by Verlag Agentur Altepost 2015, Hörstel
Satz & Gestaltung: Uwe-C. Moggert-Seils, Bielefeld
Bilder © Ton Schulten/Privat
Umschlagbild: Kasteeltuin, 2008, 67 x 103 cm
Vor- und Nachsatz-Bild: Kleur en licht II, 2014, 52 x 72 cm
Druck & Bindung: Druckerei Kettler, Bönen – Printed in Germany
ISBN 978-3-9821304-8-4
www.agentur-altepost.de

Bibliographische Information der Deutschen Nationalbibliothek: Die Deutsche Nationalbibliothek verzeichnet diese Publikation in der Deutschen Nationalbibliographie; detaillierte
bibliographische Daten sind im Internet über http://dnb.d-nb.de abrufbar. Dieses Werk
einschließlich aller seiner Teile ist urheberrechtlich geschützt. Jede Verwertung außerhalb
der engen Grenzen des Urheberrechtsgesetzes ist ohne Zustimmung des Verlags unzuläs-
sig und strafbar. Das gilt insbesondere für jede Art von Vervielfältigungen, Übersetzungen,
Microverfilmungen und die Einspeicherung und Verarbeitung in elektronischen Systemen.

INHALT

VORWORT

Die „Kleine christliche Hausapotheke" will Menschen auf ihrem Lebensweg mit hilfreichen Informationen, elementaren Texten und persönlichen Gebeten begleiten. Es ist ein Buch für den persönlichen Gebrauch. Wie eine Hausapotheke Medikamente, Pflaster und Hausmittel für den eigenen Bedarf enthält, so bietet die „Christliche Hausapotheke" Texte, Gebete, Infos, Hinweise, Bibelverse und Liedstrophen für die eigene Orientierung.

Bei der Taufe der Kinder, bei der Konfirmation oder auch beim Tod eines Angehörigen – im Laufe der eigenen Lebensgeschichte hat man es immer wieder mit der Kirche zu tun. Zugleich gibt es Zeiten und Ereignisse – in der Krankheit, wenn man auf Vergebung angewiesen ist oder wenn man nach Trost sucht –, in denen der eigene Glaube wichtiger wird und wir nach Worten suchen, die ausdrücken, was wir empfinden.

Die eigene Lebensgeschichte ist der Ort, an dem wir Gott begegnen. Man kann existentiell wichtige Ereignisse schicksalhaft hinnehmen, man kann aber auch nach dem tieferen Sinn fragen. Religion leiht dem Menschen eine Sprache für Dankbarkeit und Trost, für Klage und Hoffnung, für Gnade und Vergebung.

Die „Kleine christliche Hausapotheke" will die lebenstragende Kraft biblischer Texte und christlicher Traditionen ins Gespräch bringen. Sie bietet Grundinformationen zu den kirchlichen Angeboten im Lebenszyklus, eine Sammlung von Gebeten für alle Tage und eine Erläuterung der wichtigsten christlichen Feiertage. Sie enthält, knapp erläutert, die zentralen christlichen Grundtexte – und dazu einige biblische Basistexte sowie bekannte Liedstrophen. Darüber hinaus wird auf hilfreiche Internetadressen verwiesen.

An vielen Stellen enthält das Buch auch Raum für wichtige Adressen und persönliche Eintragungen. Es will Sie in wichtigen Zeiten Ihres Lebens begleiten und Ihnen helfen, das eigene Leben im Vertrauen auf einen von Gott gegebenen Sinn zu führen.

Hans-Martin Lübking

DIESES BUCH GEHÖRT

. . . .
. . . .
. . . .
. . . .

MEINE GEMEINDE

. . . .
. . . .
. . . .
. . . .

WICHTIGE ADRESSEN

. . . .
. . . .
. . . .
. . . .

GEBURTSTAG

Viel Glück und viel Segen
auf all deinen Wegen,
Gesundheit und Frohsinn
sei auch mit dabei.

MEIN GEBURTSTAG . . . .

GEBURTSTAGE IN DER FAMILIE

. . . .
. . . .
. . . .
. . . .

Mein sind die Jahre nicht, die mir die Zeit genommen. Mein sind die Jahre nicht, die da möchten kommen. Der Augenblick ist mein und nehm' ich den in acht, so ist der mein, der Jahr und Ewigkeit gemacht. (Andreas Gryphius)

Der Geburtstag ist ein besonderer Tag. Einmal im Jahr steht man im Mittelpunkt. Verwandte und Bekannte rufen an oder schicken Glückwünsche, es gibt Geschenke. Ein Anruf, eine Karte oder ein Geschenk sagen auch immer: „Wir freuen uns, dass Du unter uns bist. Wir möchten Dich nicht missen."

Unwillkürlich blickt man an diesem Tag auch zurück: Wieder ein Jahr älter, wie war das vor einem Jahr, wie war das eigentlich damals, als ich geboren wurde? Gibt es Fotos? Auch wenn sich manchmal etwas Wehmut einmischt, ist der Geburtstag doch ein Tag der Dankbarkeit: „Mir geht es gut, ich bin gesund, ich habe eine Familie, ich habe Freunde, ich muss nicht jeden Cent umdrehen, es gibt für mich immer etwas zu tun, ich habe keinen Grund zu klagen."

Der Geburtstag ist auch ein guter Grund, einmal einen kurzen Moment innezuhalten, eine Kerze anzuzünden, ein Gebet zu sprechen, einen Blumenstrauß aufzustellen, alte Fotos herauszuholen, an die vielleicht verstorbenen Eltern zu denken.

Danket dem HERRN, denn er ist freundlich,
und seine Güte währet ewiglich. (Psalm 107,1)

GEBET

Mögest du immer Arbeit haben,
für deine Hände etwas zu tun.
Immer Geld in der Tasche,
eine Münze oder auch zwei.
Immer möge das Sonnenlicht
auf deinem Fenstersims schimmern
und die Gewissheit in deinem Herzen,
dass ein Regenbogen dem Regen folgt.
Die gute Hand eines Freundes
möge immer dir nahe sein,
und Gott möge dir dein Herz erfüllen
und dich mit Freude ermuntern.
(Irischer Segenswunsch)

TAUFE

*Fürchte dich nicht, denn
ich habe dich erlöst;
ich habe dich
bei deinem Namen gerufen.
Du bist mein. (Jesaja 43,1)*

MEIN TAUFTAG . . . .

MEIN TAUFSPRUCH . . . .
. . . .
. . . .

DER WEG ZUR TAUFE

Anmeldung: Nehmen Sie rechtzeitig Kontakt zu Ihrer Kirchengemeinde auf, um zu klären, ob der von Ihnen gewünschte Termin möglich ist. Zur Anmeldung der Taufe im Pfarramt oder im Gemeindebüro bringen Sie bitte eine Geburtsurkunde des Kindes mit.

Patenauswahl: In der Regel suchen Sie zwei Paten für Ihr Kind aus. Das Patenamt ist an die Mitgliedschaft in einer christlichen Kirche gebunden.

Taufgespräch: Rechtzeitig vor der Taufe findet mit dem zuständigen Pfarrer bzw. der Pfarrerin ein Gespräch statt, in dem Sinn und Ablauf der Taufe besprochen und persönliche Fragen geklärt werden können.

DER TAUFSPRUCH

Bei der Taufe erhält Ihr Kind einen Taufspruch aus der Bibel als Segenswort für den weiteren Lebensweg. Diesen Taufspruch suchen Sie als Eltern für Ihr Kind aus.

DIE TAUFE

Die Taufe ist nicht nur ein großes Familienfest, sie ist auch etwas für's ganze Leben. Die Taufe gibt dem Leben eine Richtung, denn sie verbindet uns mit Jesus Christus. Wer getauft ist, gehört zu den Christen, die in ihrem Leben auf Liebe und Frieden setzen, so wie es uns Jesus vorgelebt hat.

Durch die Taufe werden Menschen in die Gemeinschaft der Kirche aufgenommen. Alle Christen sind mit der Taufe gleichgestellt. „Denn was aus der Taufe gekrochen ist, das mag sich rühmen, dass es schon zum Priester, Bischof und Papst geweiht sei." (Martin Luther)

Die Taufe ist einmalig. Sie gilt in allen christlichen Kirchen und wird auch durch einen eventuellen Kirchenaustritt nicht rückgängig gemacht. Wer getauft ist, muss auch beim Übertritt in eine andere Konfession nicht erneut getauft werden.

Die Taufe ist in jedem Alter möglich. Vieles spricht für eine Taufe im Säuglings- oder Kleinkindalter. Aber eine Taufe im Alter eines Schulkindes, eines Jugendlichen oder Erwachsenen ist genauso möglich.

DER TAUFGOTTESDIENST

Die Taufe kann im Sonntagsgottesdienst der Gemeinde oder in einem besonderen Taufgottesdienst stattfinden. Sie erfolgt nach dem Bekenntnis des christlichen Glaubens durch dreimaliges Übergießen des Kopfes mit Wasser – im Namen des Vaters und des Sohnes und des Heiligen Geistes. Anschließend legt die Pfarrerin bzw. der Pfarrer dem Kind die Hand auf, spricht einen Segenswunsch und verliest den Taufspruch für das Kind. Eine Taufkerze für das Kind wird entzündet, die fortan an jedem Tauftag brennen und das Kind an die eigene Taufe erinnern kann. Die Taufe endet mit einem Segensgebet für Eltern und Paten.

DIE PATEN

Mit den Paten bekommen Kinder erwachsene Freunde, denen die Eltern vertrauen und die die Kinder auf ihrem Lebens- und Glaubensweg begleiten können. Sie sprechen zusammen mit den Eltern das Glaubensbekenntnis bei der Taufe und versprechen, ebenso wie die Eltern für die christliche Erziehung des Kindes zu sorgen. Deshalb kann nur Patin oder Pate werden, wer Mitglied einer christlichen Kirche ist.

FRAGEN UND ANTWORTEN

Müssen die Eltern selbst Mitglied der Kirche sein?
Nein. Allerdings müssen sie zumindest einen evangelischen Paten benennen, der die christliche Erziehung des Kindes fördert.

Was kostet die Taufe?

Grundsätzlich ist die Taufe kostenlos. Eltern entstehen nur Kosten, wenn Sie einen bestimmten Blumenschmuck oder eine besondere musikalische Begleitung wünschen.

Müssen Eltern verheiratet sein, wenn sie ihr Kind taufen lassen wollen?

Nein. Aber die Sorgeberechtigten müssen sich einig sein, das Kind taufen zu wollen.

Wer kann Pate werden?

Jedes konfirmierte Kirchenmitglied kann Pate werden. Paten müssen einer christlichen Kirche angehören.

Wann endet das Patenamt?

Das Patenamt endet offiziell mit der Konfirmation des Patenkindes.

Internetadressen: *www.ekd.de/Taufe*
www.evangelisch.de/taufbegleiter

TAUFSPRÜCHE

„Ein Mensch sieht, was vor Augen ist; Gott aber sieht das Herz an." (1. Samuel 16,7)

„Gutes und Barmherzigkeit werden mir folgen mein Leben lang und ich werde bleiben im Hause des HERRN immerdar." (Psalm 23,6)

„Ich will dich unterweisen und dir den Weg zeigen, den du gehen sollst; ich will dich mit meinen Augen leiten." (Psalm 32,8)

„Denn er hat seinen Engeln befohlen, dass sie dich behüten auf allen deinen Wegen, dass sie dich auf den Händen tragen und du deinen Fuß nicht an einen Stein stoßest." (Psalm 91, 11-12)

„Von allen Seiten umgibst du mich und hältst deine Hand über mir." (Psalm 139,5)

„Selig sind, die Frieden stiften, denn sie werden Gottes Kinder heißen." (Matthäus 5,9)

„Gott hat uns nicht gegeben den Geist der Furcht, sondern der Kraft und der Liebe und der Besonnenheit." (2. Timotheus 1,7)

„Gott ist Liebe, und wer in der Liebe bleibt, der bleibt in Gott und Gott in ihm." (1. Johannes 4,16)

GEBET

Gott segne dich und behüte dich,
er lasse dich wachsen und gedeihen
an Leib und Seele;
er bewahre dich vor allem Bösen
und leite dich auf guten Wegen.
Amen

KONFIRMATION

Gott spricht:
Ich will dich segnen
und du sollst ein Segen sein.
(1. Mose 12, 2)

MEIN KONFIRMATIONSSPRUCH

. . . .
. . . .
. . . .

DER WEG ZUR KONFIRMATION

Anmeldung/Alter: Die Anmeldung zum Konfirmanden-unterricht findet in der Regel im 13. Lebensjahr statt. Die Anmeldung erfolgt schriftlich und wird von den Eltern und von den Konfirmanden unterschrieben.

Dauer: Die Konfirmandenzeit kann in den einzelnen Gemeinden unterschiedlich lang sein – in manchen Gemeinden dauert sie fast zwei Jahre, in anderen anderthalb oder ein Jahr.

Gottesdienst: Zur Konfirmandenzeit gehört auch der Besuch des Gottesdienstes. Schon bei der Anmeldung oder einem ersten Elternabend sollten Eltern mit den Pfarrerinnen und Pfarrern klären, wie die Gottesdienstteilnahme der Konfirmanden in der jeweiligen Gemeinde geregelt ist.

Freizeiten: Freizeiten gehören heute in den meisten Gemeinden zur Konfirmandenzeit. Vor jeder Freizeit findet ein Elternabend statt, bei dem umfassend über die Freizeit informiert wird.

Internetadressen: www.ekd.de/Konfirmation
www.konfi-arbeit.de

KONFIRMANDENZEIT

Die Konfirmandenzeit ist heute mehr als nur Unterricht. Auch Erkundungen, Aktionen und vor allem Freizeiten gehören dazu.
Die Konfirmandenzeit soll abwechslungsreich und vielfältig sein, sie soll vor allem interessant sein und Spaß machen. Konfirmandinnen und Konfirmanden haben Fragen („Gibt es Gott wirklich? Was kommt nach dem Tod? Was ist der Sinn des Lebens?" usw.), sie wollen etwas wissen, erkunden und ausprobieren.

In der Konfirmandengruppe begegnen sich Jugendliche aus allen Schulformen und allen Schichten der Bevölkerung. Konfirmandenunterricht ist damit auch immer soziales Lernen.

In der Konfirmandenzeit lernen Jugendliche auch die eigene Kirchengemeinde kennen - mit all ihren Aktivitäten und Aufgaben vom Gottesdienst bis zur Diakonie. So können Beziehungen entstehen, die auch nach der Konfirmation weiter Bestand haben.

KONFIRMATION

Die Konfirmation findet in einem festlichen Gottesdienst statt. Dabei bekennen die Jugendlichen mit der Gemeinde ihren christlichen Glauben und feiern zusammen mit ihren Eltern und Paten das Abendmahl.
Sie empfangen unter Handauflegung den Segen und bekommen für ihren weiteren Lebensweg ein persönlich zugesprochenes Bibelwort.

INFO: RELIGIONSMÜNDIG

10 Jahre: Kinder müssen angehört werden, wenn die Eltern ihre Konfession oder Religion wechseln.
12 Jahre: Gegen ihren Willen dürfen Kinder nicht mehr in einer anderen Konfession oder Religion erzogen werden.
14 Jahre: Volle Religionsmündigkeit. Mit der Konfirmation werden Jugendliche mündige Mitglieder einer Kirchengemeinde. Sie können das Patenamt übernehmen und an den Kirchenwahlen teilnehmen.

OHNE ELTERN GEHT ES NICHT

• Während der Konfirmandenzeit finden Elternabende statt, bei denen Fragen des Unterrichts besprochen und mögliche Probleme geklärt werden können.
• Auf Wunsch von Eltern können auch Hausbesuche der Pfarrerin oder des Pfarrers vereinbart werden.
• Die Eltern können den Gottesdienstbesuch ihrer Kinder unterstützen, indem sie sie zum Gottesdienst begleiten.

• Eltern sind auch eingeladen, bei Projekten oder Aktionen in der Konfirmandenarbeit mitzuwirken oder mitzuhelfen.

FRAGEN UND ANTWORTEN

Kostet der Konfirmandenunterricht Geld?

Der Unterricht selbst und die Konfirmation sind kostenlos. Es kann aber sein, dass Sie das Unterrichtsbuch oder die Bibel bezahlen müssen. Auch bei der Freizeit fallen Kosten an.

Wir sind nicht mehr in der Kirche. Kann unser Kind trotzdem am Konfirmandenunterricht teilnehmen?

Ja. Von Ihrem Kirchenaustritt bleibt der Unterrichtsbesuch Ihres Kindes unberührt.

Kann unser Kind zum Konfirmandenunterricht gehen, ohne getauft zu sein?

Ihr Kind kann am Konfirmandenunterricht teilnehmen. Es wird dann im Laufe der Konfirmandenzeit oder spätestens im Konfirmationsgottesdienst getauft.

KONFIRMATIONSSPRÜCHE

„Der HERR ist mein Hirte, mir wird nichts mangeln." (Psalm 23, 1)

„Weise mir, HERR, deinen Weg, dass ich wandle in deiner Wahrheit; erhalte mein Herz bei dem einen, dass ich deinen Namen fürchte." (Psalm 86, 11)

„Befiehl dem HERRN deine Wege und hoffe auf ihn, er wird's wohl machen." (Psalm 37, 5)

„Tu deinen Mund auf für die Stummen und für die Sache aller, die verlassen sind." (Sprüche Salomos 31, 8)

„Es ist dir gesagt, Mensch, was gut ist und was Gott von dir fordert, nämlich Gottes Wort halten und Liebe üben und demütig sein vor deinem Gott." (Micha 6,8)

„Was hülfe es dem Menschen, wenn er die ganze Welt gewönne und nähme doch Schaden an seiner Seele?" (Mt 16, 26)

„Also hat Gott die Welt geliebt, dass er seinen eingeborenen Sohn gab, auf dass alle, die an ihn glauben, nicht verloren werden, sondern das ewige Leben haben." (Johannes 3,16)

„Jesus sagt: Ich bin das Licht der Welt. Wer mir nachfolgt, der wird nicht wandeln in der Finsternis, sondern wird das Licht des Lebens haben." (Johannes 8, 12)

GEBET

Möge der Weg dir freundlich entgegenkommen,
der Wind dir den Rücken stärken,
die Sonne dir dein Gesicht erhellen
und der Regen um dich her die Felder tränken.
Und bis wir uns beide wiedersehen,
halte Gott dich schützend in seiner Hand.

(Irischer Reisesegen)

TRAUUNG

Lasst uns aufeinander Acht
haben und uns zur Liebe
und zu guten Werken
anspornen. (Hebräer 10,24)

UNSER HOCHZEITSTAG

. . . .
. . . .

UNSER TRAUSPRUCH

. . . .
. . . .
. . . .

DER WEG ZUR KIRCHLICHEN TRAUUNG

Voraussetzungen: In der evangelischen Kirche ist die stan-
desamtliche Trauung Voraussetzung für eine kirchliche
Trauung. Für die Anmeldung zur kirchlichen Trauung brauchen Sie folgende Unterlagen:

• Personalausweis
• Taufbescheinigung
• Anmeldung zur standesamtlichen Trauung bzw. Heirats-
  urkunde
• Trauzeugen sind in der evangelischen Kirche nicht nötig

Anmeldung: Für die kirchliche Trauung ist es sinnvoll, möglichst rechtzeitig Kontakt mit dem zuständigen Pfarrer bzw. der Pfarrerin aufzunehmen und gemeinsam einen Trautermin zu vereinbaren.

Traugespräch: Vor der kirchlichen Trauung findet ein Traugespräch mit dem Pfarrer bzw. der Pfarrerin statt, in dem die Bedeutung, der Ablauf und die organisatorischen Details der Trauung besprochen werden können. Das Brautpaar sucht sich einen Bibelvers als Trauspruch für die eigene Ehe aus, der dann zur Grundlage für die Traupredigt wird.

Internetadressen: www.ekd.de/Trauung
www.evangelisch.de/Trauung │ www.trauspruch.de

Die kirchliche Trauung wird in einem Gottesdienst gefeiert, in dem zwei Menschen vor Gott und der Gemeinde versprechen, ihren weiteren Lebensweg gemeinsam zu gehen. Für ihre Ehe bitten sie um Gottes Segen. In der evangelischen Kirche ist die Ehe kein Sakrament, deswegen können hier auch Geschiedene wieder heiraten.

Durch die kirchliche Trauung bekommt die Eheschließung eine besondere Verbindlichkeit: Vor Gott und der Welt versprechen zwei Menschen, einander zu ehren und zu lieben „in guten und in bösen Tagen, bis dass der Tod uns scheidet".

Die kirchliche Trauung ist ein festlicher Gottesdienst: Das Glockengeläut, der feierliche Einzug in die Kirche, die Orgelklänge, die Festkleider, der schöne Kirchraum, der mit Blumen geschmückte Altar – alles zeigt: Es ist ein besonderer Tag im Leben!

INFO: ÖKUMENISCHE TRAUUNG

Wenn einer der Partner evangelisch und einer katholisch ist und beide eine ökumenische Trauung wünschen, wird diese Trauung in beiden Pfarrämtern angemeldet. Findet die ökumenische Trauung in der evangelischen Kirche statt, ist sie im Grunde eine evangelische Trauung unter Mitwirkung eines katholischen Pfarrers – oder umgekehrt.

INFO: SEGNUNG/TRAUUNG GLEICHGE-SCHLECHTLICHER PAARE

Je nach Region oder Landeskirche ist in der evangelischen Kirche entweder eine Trauung oder eine Segnung gleichgeschlechtlicher Paare möglich. In der katholischen Kirche ist beides bisher nicht möglich.

FRAGEN ZUR KIRCHLICHEN TRAUUNG

Muss ich in der evangelischen Kirche sein, um kirchlich heiraten zu können?

Wenigstens ein Ehepartner muss Mitglied der evangelischen Kirche sein.

Darf der Ehepartner katholisch sein, wenn ich evangelisch heiraten will?

Ja. Der katholische Ehepartner kann sich von seiner Kirche für die Trauung in der evangelischen Kirche die Lizenz zum Eingehen einer „Mischehe" und den Dispens von der Formpflicht zu einer katholischen Eheschlie-

ßung erteilen lassen. Dann ist diese Trauung auch in der katholischen Kirche gültig.

Können wir uns den Pfarrer bzw. die Pfarrerin auswählen und in einer anderen Kirche getraut werden?
Die Trauung kann auch in einer anderen Kirche stattfinden. Soll nicht der Ortspfarrer, sondern ein anderer Pfarrer die Trauung durchführen, so muss der zuständige Ortspfarrer sein Einverständnis erteilen.

Können wir uns auch außerhalb der Kirche trauen lassen?
Viele Pfarrerinnen und Pfarrer bieten an, die Trauung auch an besonderen Orten vorzunehmen. Das können Sie mit Ihrem Pfarrer oder Ihrer Pfarrerin selbst besprechen.

Muss der Trauspruch aus der Bibel sein?
Ja.

Was kostet die Trauung?
Kosten können dann anfallen, wenn Sie einen besonderen Blumenschmuck oder eine besondere musikalische Gestaltung wünschen. Ansonsten ist die Trauung grundsätzlich kostenfrei. Die Gemeinde freut sich aber über eine Spende.

TRAUSPRÜCHE

„Wo du hingehst, da will ich auch hingehen; wo du bleibst, da bleibe ich auch." (Rut 1, 16)

„Nun aber bleiben Glaube, Hoffnung, Liebe, diese drei; aber die Liebe ist die größte unter ihnen." (1. Korinther 13,13)

„So ist's ja besser zu zweien als allein, denn sie haben guten Lohn für ihre Mühe. Fällt einer von ihnen, so hilft ihm sein Gesell auf … Auch, wenn zwei beieinanderliegen, wärmen sie sich; wie kann ein Einzelner warm werden?" (Prediger 4, 9-11)

„Alle eure Dinge lasst in der Liebe geschehen!" (1. Korinther 16,14)

„Einer trage des anderen Last, so werdet ihr das Gesetz Christi erfüllen." (Galater 6,2)

„Seid untereinander freundlich und herzlich und vergebt einander, wie auch Gott euch vergeben hat in Christus." (Epheser 4,32)

„Vor allem aber liebt einander, denn die Liebe ist das Band, das alles zusammenhält und vollkommen macht." (Kolosser 3, 14)

„Lasst uns nicht lieben mit Worten noch mit der Zunge, sondern mit der Tat und mit der Wahrheit." (1. Johannes 3, 18)

GEBET

Gott, wir danken dir, dass wir uns begegnet sind.
Lass die Liebe in uns wachsen,
damit wir uns immer besser verstehen
und uns gegenseitig glücklich machen.
Gott, wir danken dir für das Gespräch miteinander,
damit wir einander immer mehr vertrauen können.
Bleibe du bei uns auch in schwierigen Zeiten,
damit wir das Interesse aneinander nie verlieren.
Amen.

EHEJUBILÄEN

*Lobe den HERRN, meine
Seele, und vergiss nicht,
was er dir Gutes getan hat.
(Psalm 103,2)*

Viele Ehepaare, die 25 oder gar 50 oder noch mehr Jahre verheiratet sind, erleben dies als eine besondere Gnade Gottes. Die meisten feiern ein Fest. Manche möchten darüber hinaus ihrer Dankbarkeit Ausdruck verleihen und wünschen sich eine gottesdienstliche Feier.

Auf Wunsch des Ehepaares wird in den evangelischen Kirchengemeinden zur Silbernen, Goldenen oder Diamantenen Hochzeit ein feierlicher Gottesdienst in der Kirche gehalten. Möchten Sie Ihr Jubiläum ohne kirchliche Feier begehen, kommen Pfarrerin oder Pfarrer auf Wunsch auch gern zu einer kleinen Andacht oder einfach zu einem Besuch zu Ihnen nach Hause.

*„Lobe den HERRN, meine Seele,
und vergiss nicht, was er dir Gutes getan hat:
der dir alle deine Sünde vergibt
und heilet alle deine Gebrechen,
der dein Leben vom Verderben erlöst,
der dich krönet mit Gnade und Barmherzigkeit,
der deinen Mund fröhlich macht
und du wieder jung wirst wie ein Adler.
Barmherzig und gnädig ist der HERR,
geduldig und von großer Güte. (Psalm 103, 2-13 i.A.)*

Gemeinsam alt werden, das ist auch ein Geschenk Gottes, ein Grund zum Danken und Feiern. Es ist nicht selbstverständlich, dass ein Ehepaar bis ins hohe Alter miteinander leben kann. Das ist nicht allen Ehepaaren vergönnt.

Die Silberne oder Goldene Hochzeit ist ein Familienfest, bei dem Kinder, Enkel, Geschwister und weitere Verwandte zusammenkommen, um die Jubilare zu ehren. Dabei wird auch schmerzhaft bewusst, wer nicht mehr dabei ist.
Die Silberne oder Goldene Hochzeit ist vor allem ein Tag der Dankbarkeit. „Das Leben hat es gut gemeint mit uns", sagt man. Doch in Wahrheit steckte wohl noch jemand anders dahinter. Der Dank an Gott macht demütig im Leben. Nichts ist selbstverständlich. Es hätte auch vieles anders kommen können. Das ist ein Grund, Gott für das Vergangene zu danken und um seinen Segen für die Zukunft zu bitten.

GEBET

Gott, wir freuen uns, dass wir diesen Tag erleben und feiern können. Wir danken für die vielen gemeinsamen Jahre, die du uns geschenkt hast: für die Gesundheit wie für die Krankheiten, die wir überstanden haben; für die Familie und für die Freunde, auf die wir uns verlassen können; für die tägliche Arbeit, das Brot auf dem Tisch und den erholsamen Schlaf in der Nacht; für manchen Streit und für die freundlichen Worte danach. Gott, wir wissen nicht, was alles noch kommen mag und wie lange wir noch zusammenbleiben können. Darum bitten wir dich: Bleibe uns freundlich zugewandt und lass uns auch im Alter nicht allein. Amen.

SCHULD LOSWERDEN

Kommet her zu mir alle,
die ihr mühselig und beladen
seid; ich will euch erquicken.
(Matthäus 11, 28)

ICH MUSS ETWAS LOSWERDEN

Schuldgefühle kennt jeder. Wo Menschen miteinander leben, werden sie aneinander schuldig. Nicht mit allem wird man allein fertig. Dann ist es gut, jemanden zu haben, mit dem man offen reden kann.

EIN OFFENES OHR FINDEN

Um offen über die eigene Schuld zu reden, brauche ich jemanden, der sich für mich und meine Sorgen interessiert, der zuhören kann – und nicht alles besser weiß.

WEM ICH VERTRAUEN KANN

Was mir auf der Seele liegt, kann ich nur jemandem anvertrauen, von dem ich weiß, dass es bei ihm gut aufgehoben ist. Einem wirklich guten Freund oder einer Freundin, dem oder der ich voll vertrauen kann. Oder der Pfarrerin und dem Pfarrer, zu deren Beruf es gehört, zuzuhören und Verständnis zu haben. Sie unterliegen dem Schweigegebot. Bei ihnen kann ich sicher sein, dass alles vertraulich behandelt wird.

HERR, du erforschest mich
und kennest mich.
Ich sitze oder stehe auf, so weißt du es;
du verstehst meine Gedanken von ferne.
Ich gehe oder liege, so bist du um mich
und siehst alle meine Wege.
Denn siehe, es ist kein Wort auf meiner Zunge,
das du, HERR, nicht schon wüsstest.
Erforsche mich, Gott, und erkenne mein Herz;
prüfe mich und erkenne, wie ich's meine.
Und sieh, ob ich auf bösem Wege bin,
und leite mich auf ewigem Wege.
(Psalm 139, 1-4.23-24)

Nach evangelischem Verständnis kann jeder Christ einem anderen Menschen, der ihm seine Schuld gebeichtet hat, die „Vergebung der Sünden" zusprechen. Wende ich mich an eine Pfarrerin oder einen Pfarrer, dann gilt: Von dem, was wir miteinander reden, wird kein anderer Mensch jemals erfahren, keine kirchliche oder staatliche Stelle. Darauf kann ich mich verlassen. Ich habe Gelegenheit, all das auszusprechen, was mich bedrückt oder mein Gewissen belastet und mich von Gott und den Menschen trennt. Im Namen Jesu Christi spricht mir mein Gegenüber die Vergebung meiner Schuld zu.
Internetadressen: www.ekd.de/Beichte
www.evangelisch.de/schuld-und-vergebung

GEBET

Lieber Gott, dir kann ich alles sagen.
Ich habe so vieles falsch gemacht in meinem Leben.
Ich habe anderen Menschen geschadet.
Ich habe nur an mich gedacht
und wollte immer Recht haben.
Ich bin schuldig geworden.
Jetzt bin ich allein und habe niemanden,
mit dem ich darüber reden kann.
Darum komme ich zu dir und bitte dich:
Hilf mir! Ich möchte wieder neu anfangen.
Vergib mir! Und gib mir die Kraft,
es in Zukunft besser zu machen.
Lieber Gott, du weißt, wie ich bin.
Ich hoffe, dass du mich nicht verurteilst.
Amen.

KRANK SEIN

*Wende dich zu mir und
sei mir gnädig; denn ich bin
einsam und elend.
Die Angst meines Herzens
ist groß; führe mich aus meinen Nöten! (Psalm 25, 16f)*

Krankheit verändert das Leben. Das Herz macht nicht mehr mit. Ein komplizierter Bruch. Oder gar eine Krebsdiagnose. Man wird ins Krankenhaus eingeliefert: Untersuchungen, Medikamente, strenge Bettruhe.

Krankheit zeigt uns die Grenzen auf. Arbeit, Urlaub, die gewohnte Umgebung - möglicherweise muss man für's Erste alles aufgeben. Nur eine Krankheit – und man fühlt sich vom Leben abgeschnitten, abhängig von anderen Leuten. Krankheit kann mit quälender Ungewissheit verbunden sein: Wie steht es mit mir? Werde ich wieder ganz gesund werden? Ängstlich beobachtet man den eigenen Körper und achtet auf jedes Zeichen. „Der Gesunde hat 1000 Wünsche, der Kranke nur einen."

Die Sorge um Gesundheit und die Angst vor Krankheit begleiten Menschen ein Leben lang. Doch in der zweiten Lebenshälfte werden die Krankheiten meist häufiger und bedrohlicher. Das ist auch mit Angst verbunden: „Wird's gut ausgehen? Kann ich jemals wieder richtig laufen?"

„Not lehrt beten", sagt man oft. Das stimmt nicht immer, aber wenn man krank ist und nicht weiß, wie es weitergeht, ist es gut zu wissen, dass Gott nur „ein Gebet weit von uns entfernt" (Nelly Sachs) ist. Gott ist ansprechbar, man kann ihm seine Not schildern. Wer betet, ruft nicht ins Leere.

Internetadressen: www.ekd.de/Leiden-und-Krankheit
www.evangelisch.de/Krankheit

> *„Wer stark, gesund und jung bleiben und seine Lebens-*
> *zeit verlängern will, der sei mäßig in allem, atme reine*
> *Luft, treibe täglich Hautpflege und Körperübung, halte*
> *den Kopf kalt, die Füße warm und heile ein kleines Weh*
> *eher durch Fasten als durch Arzneien." (Hippokrates)*

WICHTIGE ADRESSEN UND TELEFON-NUMMERN

Hausarzt/Hausärztin:

. . . .

. . . .

. . . .

Rettungsdienst/Notarzt: Tel. 112

Ärztlicher Bereitschaftsdienst: Tel. 116117

Das nächste Krankenhaus:

. . . .

. . . .

. . . .

Im Krankheitsfall zu verständigen:

. . . .
. . . .
. . . .
. . . .

GEBET

Mein Gott, ich bin krank und ich mache mir Sorgen,
ob ich wieder richtig gesund werde.
Es geht mir schlecht. Ich habe Schmerzen.
Ich hoffe, dass die Ärzte mir helfen können.
Aber ich habe auch Angst,
dass es noch schlimmer werden könnte.
Mein Gott, lass mich in dieser Zeit nicht allein.
Bleibe bei mir, was immer kommen mag.
Lass mich spüren, dass andere Menschen an mich denken.
Ich möchte wieder gesund werden,
mein vertrautes Leben wieder haben.
Darum bitte ich dich, Gott: Gib mir meine Gesundheit wieder,
ohne dass ich die Erfahrung der Krankheit vergesse.
Amen.

Im Alter

Gott, du hast mich von Jugend auf gelehrt, und noch jetzt verkündige ich deine Wunder. Auch im Alter, Gott, verlass mich nicht, wenn ich grau werde, bis ich deine Macht verkündige Kindeskindern und deine Kraft allen, die noch kommen sollen. (Psalm 71, 17-18)

Immer mehr Menschen erreichen ein hohes Lebensalter. Ältere Menschen sind heute oft gesünder und aktiver als alte Menschen in der Vergangenheit. Für viele ist das Alter eine Zeit neuer Lebensmöglichkeiten - mit mehr Zeit für Hobbies, Reisen und ehrenamtliches Engagement. Das Alter bringt aber auch Einschränkungen mit sich. Kräfte nehmen ab, körperliche und geistige Beeinträchtigungen können sich einstellen. Manches geht unwiederbringlich verloren. Der eigene Tod tritt vor Augen. Zum Altwerden gehört auch das Ertragen von Lasten.

Das Alter ist die Zeit des Rückblicks auf ein langes Stück des eigenen Weges. Gott dafür zu danken, was er geschenkt hat, schließt nicht aus, auf Geleistetes stolz zu sein. Der Rückblick erinnert auch an Offengebliebenes und Versäumtes. Doch Gottes Gnade trägt menschliches Leben in allen Phasen vom ersten bis zum letzten Atemzug.

Irgendwann wird es Zeit, das „Haus zu bestellen", seine Angelegenheiten zu regeln, alten Streit zu beenden, loszulassen, was man nicht mehr braucht, und die eigene Endlichkeit zu bejahen. Dazu gehört auch, mit sich und anderen Frieden zu schließen und sich mit seiner Lebensgeschichte zu versöhnen.

„Auch bis in euer Alter bin ich derselbe,
und ich will euch tragen, bis ihr grau werdet.
Ich habe es getan; ich will heben und tragen
und erretten." (Jesaja 46, 4)

Wichtige Telefonnummern

. . . .
. . . .
. . . .

Wichtige Adressen

. . . .
. . . .
. . . .

Eine Vorsorge-Vollmacht habe ich ausgestellt für

. . . .
. . . .

Ich habe eine Patientenverfügung: O (ja) / O (nein)

Ich habe einen Organspenderausweis: O (ja) / O (nein)

Internetadressen: www.bagso.de
www.ekd.de/im-alter-neu-werden-koennen

*Herr, du weißt besser als ich, dass ich von Tag zu Tag
älter und eines Tages alt sein werde.*

*Bewahre mich vor der großen Leidenschaft, die Angele-
genheiten anderer ordnen zu wollen.*

*Lehre mich, nachdenklich, aber nicht grüblerisch, hilf-
reich, aber nicht diktatorisch zu sein.*

*Bei meiner ungeheuren Ansammlung von Weisheit tut
es mir leid, sie nicht weiterzugeben, aber du verstehst,
Herr, dass ich mir ein paar Freunde erhalten möchte.*

*Lehre mich schweigen über meine Krankheiten und
Beschwerden. Sie nehmen zu; und die Lust, sie zu be-
schreiben, wächst von Jahr zu Jahr.*

*Ich wage nicht, die Gabe zu erflehen, mir Krankheits-
schilderungen anderer mit Freude anzuhören, aber lehre
mich, sie geduldig zu ertragen.*

*Ich wage auch nicht, um ein besseres Gedächtnis zu
bitten - nur um etwas mehr Bescheidenheit und etwas
mehr Bestimmtheit, wenn mein Gedächtnis nicht mehr
mit dem der anderen übereinstimmt.*

*Lehre mich die wunderbare Weisheit, dass ich mich irren
kann.*

Erhalte mich so liebenswert wie möglich.

*Ich weiß, dass ich nicht unbedingt ein Heiliger bin, aber
ein alter Griesgram ist das Krönungswerk des Teufels.*

*Lehre mich, an anderen Menschen unerwartete Talente
zu entdecken, und verleihe mir, Herr, die schöne Gabe,
sie auch zu erwähnen.*

(Theresa von Avila 1515-1582)

DIE KIRCHE ALS HEIMAT

Ältere Menschen zeigen oft eine größere Verbundenheit mit der Kirche. Man kennt die vertraute Kirche am Ort und freut sich, wenn sonntags die Glocken läuten. Man geht vielleicht nicht jeden Sonntag, aber doch öfter als früher zum Gottesdienst, hat in der Kirche seinen vertrauten Platz und freut sich, dort Bekannte und Gleichaltrige zu treffen.

In der Kirchengemeinde können Menschen Gemeinschaft finden, menschliche Anteilnahme und oft auch ein Stück Heimat. Vieles ändert sich im Leben und in der Umgebung, aber die Kirche ist noch da. Schlimm, wenn es sie nicht mehr gäbe! In einer lauten und geschäftigen Zeit bieten Kirchen Heimat auf dem Weg des Lebens.

GEBET

Gott, ich möchte dir danken für die Zeit,
die du mir geschenkt hast, für all die vielen Jahre.
Auch wenn ich jetzt alt bin
und meine Haare grau geworden sind –
noch hänge ich am Leben, noch bin ich neugierig,
noch interessiert es mich, was in der Welt vorgeht.
Die Zeit wird kostbarer,
ich muss keine Höchstleistungen mehr vollbringen,
ich muss mich nicht mehr hetzen,
ich kann sagen, was ich denke
und tun, was ich für richtig halte.
Ich kann die Zeit nicht aufhalten,
aber ich kann die Jahre, die du mir noch schenkst,
sinnvoll nutzen für mich, den Nächsten,
und die Welt, in der wir leben. Amen.

STERBEN UND TOD

HERR, lehre uns bedenken,
dass wir sterben müssen,
auf dass wir klug werden.
(Psalm 90, 12)

Niemand kennt Zeit und Stunde. Der Tod kann für jeden unerwartet kommen, und doch sollte er uns nicht völlig unvorbereitet treffen. Jeder Einzelne kann viel tun, um das Umfeld des eigenen Sterbens rechtzeitig vorzubereiten. Spätestens im hohen Alter oder wenn die Kräfte deutlich schwinden, sollte man sein „Haus bestellen" und die eigenen Angelegenheiten klären: ein Testament machen, die eigene Bestattung klären oder auch alte Streit- und Schuldfragen beilegen. Abschiednehmen fällt leichter, wenn man „seine Sachen" geordnet hat.

Nach einem Todesfall ist es für die Angehörigen wichtig, zu wissen, wo sich die persönlichen Dokumente sowie die Verfügungen und Vollmachten befinden. Die folgende Liste kann Ihnen helfen, an die wichtigsten Dinge zu denken:

TESTAMENT

• Personalausweis
• Geburts- und Heiratsurkunde
• Familienstammbuch
• Rentenpapiere

- Versicherungsunterlagen
- Vorsorge - Vollmacht
- Patientenverfügung
- Organspendeausweis
- Finanzkonten / Wertpapiere
- Erd- oder Feuerbestattung
- Benachrichtigungen
- Wünsche für die Trauerfeier

STERBENDE BEGLEITEN

Viele Sterbende können sich nicht mehr mit Worten verständlich machen und verstehen doch mehr, als wir ahnen. Es ist wichtig, in Gegenwart eines Sterbenden nie so über ihn zu sprechen, als wäre er schon nicht mehr da.

Der Sterbende braucht viel stille Zeit. Sorgen Sie als Angehöriger für Ruhe und dafür, dass Störungen von außen vermieden werden. Sprechen Sie liebevoll mit dem Sterbenden und vergessen Sie nicht, sich bei ihm zu bedanken.

Einen sterbenden Menschen begleiten, das geschieht im aktiven Zuhören und Verstehen. Vielleicht äußert der Sterbende noch Fragen nach dem Sinn und nach dem Glauben, bedrängen sollte man den Sterbenden damit nicht.

Halten Sie seine Hand, wenn er das mag. Es kann tröstlich sein, im Sterben nicht allein zu sein. Manche können erst sterben, wenn sie von bestimmten Menschen Abschied genommen haben. Andere brauchen aber auch den Augenblick des Alleinseins, um dann zu sterben, wenn keiner sie mehr zurückhält.

Wenn ein Todkranker noch einmal das Abendmahl feiern möchte, sollten die Pfarrerin oder der Pfarrer benachrichtigt werden. Jeder aber kann am Sterbebett das Vaterunser beten oder Psalmen und Gesangbuchverse lesen. In aller Regel wird der Sterbende dafür dankbar sein.

INFO: HOSPIZ

In einem Hospiz können Todkranke ihr Lebensende möglichst schmerzfrei und in Begleitung von liebevollen Helfern verbringen. Den Angehörigen bieten Hospize die Möglichkeit, den Sterbenskranken rund um die Uhr besuchen zu können.

Die Hospizhelfer halten vor allem Sitzwache, sprechen und schweigen mit den Sterbenden und leisten auch praktische Hilfe am Lebensende. Im Mittelpunkt steht die aktive Nächstenliebe.

In einem Hospiz werden auch die Angehörigen begleitet, die mit der Pflege von Sterbenskranken oft seelisch schwer belastet sind. Die Hospizbewegung möchte Menschen auch das Sterben zu Hause erleichtern. Der ambulante Hospizdienst versucht, pflegende Angehörige zu entlasten und zu unterstützen.

Hospize arbeiten überkonfessionell, ihre Hilfe gilt grundsätzlich allen.

Informationen über Hospize in Ihrer Gegend finden Sie unter: www.dhpv.de

„Beim Einschlafen denke ich manchmal: Was wird mit mir sein, wenn ich nicht mehr aufwache? Ich denke mir oft, dass ich vor der Geburt von meiner Mutter umgeben war, in ihrem Leib, ohne sie zu kennen. Dann brachte sie mich zur Welt, und ich kenne sie nun und lebe mit ihr. So, glaube ich, sind wir als Lebende von Gott umgeben, ohne ihn zu erkennen. Wenn wir sterben, werden wir ihn erfahren, so wie ein Kind seine Mutter, und mit ihm sein. Warum soll ich den Tod fürchten?" (Carl Zuckmayer)

ORGANSPENDE?

Es kann sein, dass Sie vor oder nach dem Tod eines Angehörigen im Krankenhaus gebeten werden, einer Organspende zuzustimmen. Unter dem Eindruck von Tod, Abschied und Verlust ist das eine belastende Situation.

Da kann es hilfreich sein, wenn der oder die Verstorbene sich zu Lebzeiten klar zu einer Organspende geäußert hat. Ist das nicht der Fall, sollten Sie sich in dieser Situation nicht zu einer bestimmten Entscheidung drängen lassen. Sie haben ein Recht auf eine ungestörte Trauer.

Internetadressen:
www.ekd.de/Tod-und-Trauer
www.ekd.de/christlicher-umgang-mit-sterben-und-tod

NACH DEM TOD

Wenn ein Mensch gestorben ist, muss ein Arzt verständigt werden, der den Totenschein ausstellt. Verstorbene dürfen in Deutschland bis zu 36 Stunden in den Sterberäumen verbleiben – zu Hause oder in einem besonderen Raum des Krankenhauses. Gemeinsam mit anderen Angehörigen Totenwache halten, eine Kerze anzünden, den Verstorbenen ansehen und berühren, sich Zeit für den Abschied nehmen – all das empfinden Trauernde fast immer als wohltuend.

Die dem oder der Toten nahestehenden Menschen sollten baldmöglichst benachrichtigt und das weitere Vorgehen mit ihnen abgesprochen werden. Es ist nach einem Tod so vieles zu bedenken, dass es nur klug ist, sich bei Verwandten oder Freunden Hilfe zu suchen – für Behördengänge, das Schreiben von Trauerbriefen und Todesanzeigen oder Gespräche mit dem Bestattungsunternehmen.

Nehmen Sie auch rechtzeitig Kontakt mit dem zuständigen Pfarrer bzw. der Pfarrerin auf, um mit ihm oder ihr alles weitere, vor allem den Zeitpunkt der Bestattung, zu besprechen.

„Wohin Gott durch den Tod uns führt, bleibt ein Geheimnis. Mit einem Geheimnis aber kann man leben, wenn man Vertrauen hat."
(Heinz Zahrnt)

AUSSEGNUNG

Vor der Überführung des oder der Toten in die Friedhofskapelle kann auf Wunsch der Angehörigen auch eine Aussegnung des Verstorbenen erfolgen. Sie kann von jedem Christen vollzogen werden, Sie können aber auch die Pfarrerin bzw. den Pfarrer darum bitten.

Zur Aussegnung können auch weitere Angehörige, Freunde oder Pflegepersonal eingeladen werden. Der verstorbene Angehörige wird im Gebet Gott anvertraut, gemeinsam wird das Vaterunser gebetet und es wird ein Segenswort gesprochen. Die Angehörigen erhalten so die Möglichkeit, am offenen Sarg noch einmal im persönlichen Rahmen Abschied zu nehmen.

STERBESEGEN

Es segne dich Gott, der Vater,
der dich nach seinem Bild geschaffen hat.
Es segne dich Gott, der Sohn,
der dich durch sein Leiden und Sterben erlöst hat.
Es segne dich Gott, der Heilige Geist,
der dich zum Leben gerufen und geheiligt hat.
Gott, der Vater, der Sohn und der Heilige Geist
geleite dich durch das Dunkel des Todes.
Er sei dir gnädig im Gericht
und gebe dir Frieden und ewiges Leben.
Amen.

(Lateinischer Sterbesegen aus dem 8. Jahrhundert)

BESTATTUNG

Der HERR behüte deinen
Ausgang und deinen
Eingang von nun an bis
in Ewigkeit. (Psalm 121, 8)

DIE BEISETZUNG REGELN

Die Bestattung ist das Letzte, was wir für einen Verstorbenen tun können - und oft ist die Vorbereitung der Bei-
setzung auch der erste tröstliche Schritt, mit der Trauer
hilfreich umzugehen. Die notwendigen Einzelheiten können Sie in der Regel mit dem Bestattungsunternehmen
durchsprechen:
• Bei der Terminabsprache über den Zeitpunkt der Beerdi-
gung sollte der Pfarrer oder die Pfarrerin möglichst früh
einbezogen werden.
• Sie entscheiden, ob Sie eine Sarg- oder eine Urnenbestat-
tung wünschen. Die Form der Bestattung ist für die christliche Hoffnung ohne Bedeutung.
• Sie können zwischen einer Familiengrabstätte, einem Einzel-
oder Reihengrab auswählen. Ein Grab wird immer für mehrere
Jahre erworben, die Ruhezeiten können später verlängert werden. Gemeinschaftsgrabfelder mit einheitlicher Bepflanzung
erfordern keine besondere Grabpflege. Um der Erinnerung einen
Ort zu geben, werden die Namen der Toten dort auf einer Ste-
le oder Tafel festgehalten. Von einer „anonymen Bestattung"
ohne persönliche Trauerfeier und eigenem Grab ist abzuraten,
weil sie die Menschenwürde verletzt und die Trauer erschwert.

• Mit einer Todesanzeige oder mit Trauerbriefen geben Sie den Tod des verstorbenen Menschen bekannt. Wir empfehlen Ihnen, dafür ein christliches Symbol oder ein Bibelwort auszuwählen, die zeigen, wovon Sie auch im Sinn des Verstorbenen Halt und Trost erhoffen.

• Sie können die Blumen auswählen, mit denen der Sarg oder die Urne geschmückt werden soll. Wenn Sie keine Kränze wünschen, können Sie auch in der Traueranzeige um eine Spende für einen wohltätigen Zweck bitten.

DAS TRAUERGESPRÄCH

Vor jeder christlichen Bestattung findet ein Trauergespräch statt, zu dem die Pfarrerin oder der Pfarrer in der Regel ins Trauerhaus kommen. In diesem Gespräch wird die inhaltliche und musikalische Gestaltung der Trauerfeier besprochen. Es ist aber auch Raum für ihren persönlichen oder familiären Rückblick auf das Leben des oder der Verstorbenen. Was davon in die Ansprache der Pfarrerin oder des Pfarrers eingehen soll, wird im seelsorgerlichen Gespräch verabredet. Grundlage für die Trauerpredigt ist ein Bibelvers. Hierzu wie auch zu den Liedern und zur musikalischen Gestaltung können gern eigene Wünsche geäußert werden.

DIE TRAUERFEIER

Die Trauerfeier findet in der Friedhofskapelle, gelegentlich auch in der Kirche statt. Zum Trauergottesdienst gehören Lieder, Gebete, Lesungen, die Predigt und der Segen. Es ist ein würdiges Ritual, das man sich nicht selbst ausdenken muss, sondern dass sich über Jahrhunderte als hilfreich und entlastend erwiesen hat.

Der Trauergottesdienst endet mit dem Segen: „Der HERR behüte deinen Ausgang und deinen Eingang von nun an bis in Ewigkeit." Mit diesen Worten begleitet die Trauergemeinde den Verstorbenen zu seiner letzten Ruhestätte. Wenn der Sarg oder die Urne in das Grab gesenkt werden, wird der Verstorbene in die Hände Gottes gelegt und der Gnade Gottes empfohlen. Die Trauergemeinde spricht gemeinsam das Vaterunser. Am Sonntag darauf wird des Toten noch einmal im Gemeindegottesdienst gedacht und am Totensonntag wird sein Name in der Kirche verlesen.

Internetadressen: www.ekd.de/Beerdigung
www.ekd.de/kirchliche-trauerfeier-Bestattung

FRAGEN ZUR BESTATTUNG

Kann jemand, der nicht in der Kirche war, kirchlich bestattet werden?
Wer aus der Kirche austritt, verzichtet damit auch auf eine kirchliche Bestattung. Diese Entscheidung sollte man in der Regel respektieren. Wenn Angehörige aber diesen Kirchenaustritt nicht „akzeptiert" haben und für sich ausdrücklich den Trost einer kirchlichen Trauerfeier wünschen, kann ausnahmsweise aus „seelsorglichen Gründen" eine kirchliche Bestattung stattfinden.

Kann jemand kirchlich bestattet werden, der sich selbst getötet hat?
Ja. Niemand außer Gott hat das Recht, über Menschen zu richten, die sich das Leben genommen haben.

Können wir als Familienmitglieder die Trauerfeier für unsere Angehörigen mitgestalten?

Ja. Zu bedenken ist dabei, dass die Trauerfeier ein öffentlicher Gottesdienst der Gemeinde ist und persönliche Würdigungen, Texte oder Musikstücke sich in diesem Rahmen bewegen sollten.

Können auch Vertreter von Vereinen bei der Bestattung reden?

Ja, allerdings sollten die trauernden Angehörigen sowie die Pfarrerin oder der Pfarrer damit einverstanden sein. In der Regel finden solche Abschiedsbekundungen aber erst nach dem Schlusssegen der Pfarrerin oder des Pfarrers am Grabe statt.

Welche Kosten entstehen bei einer kirchlichen Bestattung?

Die kirchliche Trauerfeier selbst kostet kein Geld. Was die übrigen Kosten angeht (Sarg oder Urne, Überführung, Trauerbriefe usw.), können Sie sich frühzeitig bei verschiedenen Bestattungsinstituten erkundigen. Für die Kosten beim Kauf des Grabes ist der Friedhofsträger (Stadt oder Kirchengemeinde) zuständig.

BIBELWORTE

„Und ob ich schon wanderte im finstern Tal, fürchte ich kein Unglück; denn du bist bei mir, dein Stecken und Stab trösten mich." (Psalm 23, 4)

„Ihr habt nun Traurigkeit; aber ich will euch wiedersehen, und euer Herz soll sich freuen, und eure Freude soll niemand von euch nehmen." (Johannes 16,22)

„Meine Zeit steht in deinen Händen." (Psalm 31, 16)

„Befiehl dem HERRN deine Wege und hoffe auf ihn, er wird' s wohlmachen." (Psalm 37, 5)

„Gott ist unsere Zuversicht und Stärke, eine Hilfe in den großen Nöten, die uns getroffen haben." (Psalm 46,2)

„So spricht Gott: Ich will euch trösten, wie einen seine Mutter tröstet." (Jesaja 66, 13)

„Jesus spricht: Ich bin die Auferstehung und das Leben. Wer an mich glaubt, der wird leben, auch wenn er stirbt." (Johannes 11, 25)

„In der Welt habt ihr Angst; aber seid getrost, ich habe die Welt überwunden." (Johannes 16,33)

„Denn wir haben hier keine bleibende Stadt, sondern die zukünftige suchen wir." (Hebräer 13,14)

GEBET

Gott, es ist schwer, von einem Menschen Abschied zu nehmen, mit dem wir so lange gelebt haben. Wie viele Erinnerungen werden da lebendig! Gott, wir bitten dich: Gib du der/dem Verstorbenen nach der Unruhe dieses Lebens den Frieden in deinem Reich. Tröste uns mit guten Worten und mit Zeichen der Liebe! Lass uns jetzt nicht allein! Gib uns wieder Mut zum Leben. Schenk uns die Gewissheit, dass wir im Leben und im Tod geborgen sind in deiner Hand. Amen.

TRAUER UND TROST

Selig sind, die da Leid tragen;
denn sie sollen getröstet
werden. (Matthäus 5,4)

Trost brauchen wir alle, denn das Leben ist voller kleiner und großer Katastrophen: Wir müssen von einem geliebten Menschen Abschied nehmen, eine Ehe zerbricht oder die Kinder ziehen aus dem Haus. Zum Leben gehören Verlusterfahrungen: Der Verlust der alten Heimat, der Tod der eigenen Eltern oder der Verlust alter Freunde. Leidfreies Leben gibt es nicht. Ohne Trost können wir nicht leben.

Trost ist mehr als schöne Sprüche. Trost spendet das, worauf wir uns verlassen können. Eine Freundin oder ein Freund, die mich verstehen und die da sind, wenn ich sie brauche. Oder Gott, der auch dann noch da ist, wenn sonst niemand mehr da ist.

Was kann uns trösten? Patentrezepte gibt es nicht. Den einen tröstet die Musik, andere brauchen ihren Garten. Der eine muss etwas Praktisches tun, die andere findet Trost im Gebet.

Der Trost des christlichen Glaubens steht und fällt mit der persönlichen Beziehung zu Gott. Er ist das Vertrauen darauf, dass das eigene Leben trotz der erlittenen Verluste letztlich bei Gott in guten Händen ist.

Herbst

Die Blätter fallen, fallen wie von weit,
als welkten in den Himmeln ferne Gärten;
sie fallen mit verneinender Gebärde.
Und in den Nächten fällt die schwere Erde
aus allen Sternen in die Einsamkeit.
Wir alle fallen. Diese Hand da fällt.
Und sieh dir andre an: es ist in allen.
Und doch ist Einer, welcher dieses Fallen
unendlich sanft in seinen Händen hält.

(Rainer Maria Rilke)

Kein Leben ist ohne Trauer, doch jeder Mensch trauert anders. Trauer ist eine gesunde Reaktion auf einen großen Verlust. Darum ist es wichtig, dass Trauernde ihrer Trauer auch Ausdruck geben können: durch Weinen und Klagen, durch Reden oder auch durch Schweigen. In der Trauer gibt es kein richtig oder falsch.

„Es gibt nichts, was uns die Abwesenheit eines uns lieben Menschen ersetzen kann. Je schöner und voller die Erinnerung, desto schwerer die Trennung. Aber die Dankbarkeit verwandelt die Qual der Erinnerung in eine stille Freude. Man trägt das vergangene Schöne nicht wie einen Stachel, sondern wie ein kostbares Geschenk in sich."

(Dietrich Bonhoeffer)

Das Gefühl des Verlustes wird bleiben, aber mit der Zeit kann auch die Dankbarkeit für die gemeinsame Zeit hinzukommen. Die oder der Verstorbene wird zu einem wesentlichen und dankbar erinnerten Bestandteil der eigenen Lebensgeschichte.

Der Trost des christlichen Glaubens geht allerdings über die dankbare Erinnerung hinaus. Im Glauben hoffen wir, dass die Toten nicht einfach vergangen und verloren sind, sondern „in Gott ruhen" - wo wir uns eines Tages wiedersehen.

GEBET

Mein Gott,
das Leben ist mir schwer geworden.
Ich vermisse so sehr,
die nicht mehr da sind.
Ich habe viel verloren und bin traurig um alles,
was nicht mehr sein wird.
Ich möchte verstehen,
was doch nicht zu verstehen ist.
In meiner Trauer suche ich Zuflucht bei dir.
Dir vertraue ich mich an, Gott,
zeig mir einen Weg – wieder zum Leben.
Amen

GEBETE UND SEGEN

> HERR, neige deine Ohren
> und erhöre mich, denn du
> bist gut und gnädig, von
> großer Güte allen, die dich
> anrufen. (Psalm 86, 1.5)

BETEN IST MENSCHLICH

Beten gehört zum Menschen. Kein Mensch hat alles im Griff, keiner ist so stark, dass er alle Probleme selbst lösen kann. Wer betet, macht sich nichts vor. Das Gebet ist zugleich ein Zeichen von Demut wie von Großmut. Es lehrt uns Gelassenheit im Verhältnis zu uns selbst und Anteilnahme im Blick auf andere Menschen.

BETEN IST KLAGEN, LOBEN, BITTEN UND DANKEN

Beten heißt, das eigene Leben zur Sprache bringen und als Klage, Bitte, Lob und Dank vor Gott auszusprechen. Erhebende Gefühle müssen uns dabei nicht bewegen.

BETEN HEISST: IM GESPRÄCH MIT GOTT LEBEN

„Gott ist ansprechbar", das ist die Voraussetzung des Betens. Wer betet, glaubt, dass jemand da ist, der ihn hört.

„Gott ist ein Gebet weit von uns entfernt." (Nelly Sachs) Wer betet, ist darum nicht allein, sondern hat jemanden, dem er alles sagen kann.

BETEN VERÄNDERT

Beten heißt, sich nicht abfinden! Das Gebet drängt zu einem verändernden Tun. „Gebete ändern nicht die Welt. Aber die Gebete ändern Menschen. Und Menschen ändern die Welt." (Albert Schweitzer)

AM MORGEN

Ein neuer Tag liegt vor uns. Wir wissen nicht, was er bringen wird. Vielleicht freuen wir uns gerade auf diesen Tag, vielleicht steht er aber auch vor uns wie ein großer Berg. Wir brauchen Mut und Orientierung. Das Gebet kann helfen, den Tag zuversichtlich zu beginnen.

Führe mich, o HERR, und leite
meinen Gang nach deinem Wort;
sei und bleibe du auch heute
mein Beschützer und mein Hort.
Nirgends als von dir allein
kann ich recht bewahret sein.
(Heinrich Albert)

Gib, dass wir heute, HERR, durch dein Geleite
auf unsern Wegen unverhindert gehen
und überall in deiner Gnade stehen. (Paul Gerhardt)

Gott, du bist der Morgen und der Abend,
der Anfang und das Ende der Zeit.
Ich danke dir für die Ruhe der Nacht
und für das Licht eines neuen Tages.
Hilf mir bei allem, was heute zu tun ist.
Leite mich in deiner Wahrheit.
Ich bitte dich für alle,
die diesen Tag mit Sorgen beginnen.
Begleite und bewahre uns heute
und alle Tage unseres Lebens.

Lieber Gott,
ein anstrengender Tag liegt vor mir.
Es gibt viel zu tun.
Ich hoffe, dass ich alles schaffe.
Aber dafür brauche ich deine Hilfe.
Ich bitte dich: Lass mich heute nicht allein.

TISCHGEBETE

Oft ist das Tischgebet bloß Konvention. Aber auch dann
unterbricht es die routinemäßigen Abläufe bei den Mahl-
zeiten. Vor dem Essen kurz innehalten und sich bewusst
machen, dass es nicht selbstverständlich ist, jeden Tag alles zu bekommen, was wir brauchen.

Danket dem HERRN, denn er ist freundlich,
und seine Güte währet ewiglich. (Psalm 107, 1)

Aller Augen warten auf dich, HERR,
und du gibst ihnen ihre Speise zur rechten Zeit,

du tust deine Hand auf und sättigst alles,
was lebt, nach deinem Wohlgefallen. (Psalm 145, 15-16)

Komm, Herr Jesu, sei unser Gast,
und segne, was du uns bescheret hast.

Alle guten Gaben, alles, was wir haben,
kommt, o Gott, von dir. Wir danken dir dafür.

Guter Gott, wir haben genug zu essen,
aber überall auf der Welt gibt es Menschen, die Hunger leiden.

Lass uns nicht vergessen zu teilen.
Schenke uns ein offenes Herz für andere.

AM ABEND

Vor dem Einschlafen, wenn alles still ist und man selbst
auch zur Ruhe gekommen ist, kann man den Tag Revue
passieren lassen: was gut war und was verkehrt gelaufen
ist, was bedrückt und wofür man danken kann.

Müde bin ich, geh zur Ruh. schließe meine Augen zu. Vater, lass die Augen dein über meinem Bette sein. Hab ich
Unrecht heut getan, sieh es, lieber Gott, nicht an. Deine
Gnad und Jesu Blut machen allen Schaden gut. Alle, die
mir sind verwandt, Gott, lass ruhn in deiner Hand; alle
Menschen, groß und klein, sollen dir befohlen sein. Mü-
den Herzen sende Ruh, nasse Augen schließe zu.Lass
den Mond am Himmel stehn und die stille Welt besehn.
(Luise Hensel)

So legt euch denn, ihr Brüder,
in Gottes Namen nieder;
kalt ist der Abendhauch.
Verschon uns, Gott, mit Strafen
und lass uns ruhig schlafen.
Und unsern kranken Nachbarn auch!
(Matthias Claudius)

Der Tag geht zu Ende,
ich kann zur Ruhe kommen.
Ich habe heute vieles getan
und vieles versäumt.
Dir, mein Gott, vertraue ich alles an.
Behüte alle, um die ich mir Sorgen mache
und lass mich unter deinem Schutz
in Frieden einschlafen.

FÜR ALLE TAGE

Beten ist ein Gespräch mit Gott, in dem das ganze Leben Platz
hat: die Erfahrungen des Tages und die Begegnungen mit anderen Menschen, die Erlebnisse in der Familie und die Belas-
tungen im Beruf, die Genesung von einer schweren Krankheit
und die Sorge um andere Menschen, aber auch die politischen
Nachrichten des Tages und die Verhältnisse in der Welt.

HERR, gib uns Frieden für unser Leben,
Kraft für unseren Weg,
Gelassenheit in aller Unruhe,
festen Grund unter den Füßen
und ein Ziel vor Augen.

Gott, gib mir die Gelassenheit,
Dinge hinzunehmen, die ich nicht ändern kann,
den Mut, Dinge zu ändern, die ich ändern kann,
und die Weisheit, das eine vom anderen
zu unterscheiden.
(Friedrich Christoph Oetinger)

Von guten Mächten wunderbar geborgen,
erwarten wir getrost, was kommen mag.
Gott ist bei uns am Abend und am Morgen
und ganz gewiss an jedem neuen Tag.
(Dietrich Bonhoeffer)

HERR, gib du uns Augen, die den Nachbarn sehen,
Ohren, die ihn hören und ihn auch verstehen,
Hände, die es lernen, wie man hilft und heilt,
Füße, die nicht zögern, wenn die Hilfe eilt.
Herzen, die sich freuen, wenn ein andrer lacht,
einen Mund zu reden, was ihn glücklich macht.

Gott, ich möchte beten,
doch es fällt mir schwer.
Ich finde keine Worte.
Ich weiß nicht, was ich sagen soll.
Ich weiß auch nicht, ob du mich hörst.
Dann möchte ich einfach so an dich denken
und ganz still werden.
Lass mich spüren, dass du da bist.
Ich möchte an dich glauben. Hilf mir, Gott!

Lieber Gott, es gibt mehr als genug,
wofür ich danken kann:
für das Leuchten der Sonne
und die Blumen im Garten;
für die Gesundheit,
die nicht selbstverständlich ist;
für die Arbeit,
die mir Freude macht;
für die Freunde,
die einspringen, wenn ich sie brauche;
für den guten Schlaf
und für die vielen schönen Feste und Feiern im Jahr
will ich dir danken, Gott.
Und für all die kleinen Dinge,
die mein Leben bereichern.

Behüte, HERR, die ich dir anbefehle,
die mir verbunden sind und mir verwandt.
Erhalte sie gesund an Leib und Seele
und führe sie mit deiner guten Hand.

Sie alle, die mir ihr Vertrauen schenken
und die mir so viel Gutes schon getan,
in Liebe will ich dankbar an sie denken,
o HERR, nimm dich in Güte ihrer an.

Um manchen Menschen mache ich mir Sorgen
und möcht' ihm helfen, doch ich kann es nicht.
Ich wünschte nur, er wär bei dir geborgen
und fände aus dem Dunkel in dein Licht.

Du ließest mir so viele schon begegnen,
so lang ich lebe, seit ich denken kann.
Ich bitte dich, du wollest alle segnen,
sei mir und ihnen immer zugetan.

(Lothar Zenetti)

SEGEN

An wichtigen Stationen und Wendepunkten im Leben, aber auch vor einer langen Reise bitten wir Gott um Schutz und Bewahrung. Wir wünschen uns und anderen Gesundheit, Glück und Frieden.

Gott segne dich und behüte dich.
Gott lasse sein Angesicht leuchten über dir
und sei dir gnädig.
Gott erhebe sein Angesicht über dich
und gebe dir Frieden.
(4. Mose 6,24-26)

Die auf den HERRN harren, kriegen neue Kraft,
dass sie auffahren mit Flügeln wie Adler,
dass sie laufen und nicht matt werden,
dass sie wandeln und nicht müde werden.
(Jesaja 40, 31)

Der Friede Gottes, der höher ist als alle Vernunft,
bewahre eure Herzen und Sinne in Christus Jesus.
(Philipper 4, 7)

Ach Hüter unsres Lebens,
fürwahr, es ist vergebens
mit unserm Tun und Machen,
wo nicht dein Augen wachen.
Sprich deinen milden Segen
zu allen unsern Wegen,
lass Großen und auch Kleinen
die Gnadensonne scheinen.
(Paul Gerhardt)

Bleib bei uns, HERR, auf allen Wegen,
geh täglich mit uns aus und ein
und lass uns unter deinem Segen
auch anderen zum Segen sein.

HERR, wir bitten dich:
Segne uns.
Halte deine schützenden Hände über uns
und gib uns deinen Frieden.

Ich bitte nicht um Wunder und Visionen, Herr,
sondern um Kraft für den Alltag.
Lehre mich die Kunst der kleinen Schritte.

Mach mich sicher in der richtigen Zeiteinteilung,
schenke mir das Fingerspitzengefühl, um herauszufinden,
was erstrangig und was zweitrangig ist.

Lass mich erkennen, dass Träume allein nicht weiterhelfen,
weder über die Vergangenheit noch über die Zukunft.
Hilf mir, das Nächste so gut wie möglich zu tun
und die jetzige Stunde als die wichtigste zu erkennen.

Bewahre mich vor dem naiven Glauben,
es müsste im Leben immer alles glatt gehen.
Schenke mir die nüchterne Erkenntnis, dass
Schwierigkeiten, Niederlagen, Misserfolge, Rückschläge
eine selbstverständliche Zugabe zum Leben sind,
durch die wir wachsen und reifen.

Erinnere mich daran,
dass das Herz oft gegen den Verstand streikt.
Schick mir im rechten Augenblick jemanden, der Mut hat,
mir die Wahrheit zu sagen.
Ich möchte dich und die anderen immer aussprechen lassen.
Die Wahrheit sagt man sich nicht selbst,
sie wird einem gesagt.

Du weißt, wie sehr wir der Freundschaft bedürfen.
Gib, dass ich diesem schönsten, schwierigsten, riskan-
testen und zartesten Geschenk des Lebens gewachsen bin.
Verleih mir die nötige Phantasie,
im rechten Augenblick ein Päckchen Güte
mit oder ohne Worte
an der richtigen Stelle abzugeben.

Mach aus mir einen Menschen,
der einem Schiff im Tiefgang gleicht,
um auch die zu erreichen, die unten sind.

Bewahre mich vor der Angst,
ich könnte das Leben versäumen.
Gib mir nicht, was ich wünsche,
sondern was ich brauche.

Lehre mich die Kunst der kleinen Schritte.

(Antoine de Saint-Exupery)

KANN MAN BETEN LERNEN?

Es gibt keine Rezepte und keine Techniken für das Beten. Das Gebet kann sehr nüchtern und kurz sein: „Mein Gott! Ich bin am Ende, hilf mir!" Beten kann aber auch darin bestehen, vor Gott sein Herz auszuschütten, zu klagen und zu fragen: „Mein Gott, warum? Wie lange noch?" Es kann eine Bitte für mich oder für andere sein: „Lieber Gott, lass bei der Operation alles gut gehen!"

Das Gebet braucht eine gewisse Regelmäßigkeit. Wie die im einzelnen Fall aussieht, muss jeder für sich entscheiden. Sinnvoll ist es, sich jeden Tag eine gewisse Zeit für das Beten freizuhalten. Eine feste Zeit für Gebete kann verhindern, dass die Beziehung zu Gott im Alltag in den Hintergrund tritt.

Was kann einem helfen, innezuhalten und sich zu konzentrieren? Vielleicht sucht man sich einen ruhigen Platz, wo man ungestört ist und zur Ruhe kommen kann. Man kann eine Kerze anzünden oder einen Abschnitt aus der Bibel lesen, man kann ein Bild betrachten, ein Gedicht lesen oder auch einfach aus dem Fenster sehen.

Eine Spinne lebte in ihrem Netz, bis ihr gesagt wurde: „Die Welt ist anders geworden, du musst Altes aufgeben, du musst einsparen, rationalisieren."

Umgehend erkundete sie ihr Netz. Aber kein Faden war überflüssig, jeder schien für das Geschäft dringend notwendig. Sie suchte und suchte, bis sie schließlich doch einen Faden fand: er lief senkrecht nach oben und hatte noch nie eine Fliege eingebracht. Also weg damit! So biss sie den vermeintlich unnützen Faden ab.

Da fiel das ganze Netz in sich zusammen. Es war nämlich der Faden, an dem das Spinngewebe aufgehängt war.

Feste und Feiertage

Dies ist der Tag, den der
HERR macht;
lasst uns freuen und fröhlich
an ihm sein. (Psalm 118,24)

ADVENT

„Alles hat seine Zeit – Advent ist im Dezember" heißt eine
Initiative der Evangelischen Kirche. Angesichts der kommer-
ziellen Ausweitung des Weihnachtsgeschäfts will sie daran
erinnern, dass die Adventszeit ursprünglich eine Zeit der
Ruhe und der Einkehr ist. Advent ist eine Zeit voller Bräuche:
Adventskranz, Adventskalender, Adventslieder, Adventsge-
bäck. Mit dem 1. Advent beginnt jeweils das neue Kirchenjahr.

WEIHNACHTEN

Am 25.12. feiern evangelische und katholische Christen die
Geburt von Jesus Christus (Orthodoxe Christen feiern am
6.1.). Richtig voll sind die Kirchen aber schon einen Tag vor-
her. Der Heiligabend ist zum Haupttag des Weihnachtsfestes geworden - vor allem natürlich wegen der „Bescherung".
Weihnachten ist übrigens ein relativ junges Fest. Erst seit
dem 4. Jahrhundert hat sich die Feier des Weihnachtsfestes
durchgesetzt – vermutlich, um so das ebenfalls am 25.12.
gefeierte Fest des römischen Sonnengottes zu verdrängen.

„Ein Leben ohne Feste ist wie eine lange Wanderung ohne Herberge." (Demokrit)

PASSIONSZEIT

Die Passionszeit beginnt nach Karneval mit dem Aschermittwoch und dauert bis zum Samstag vor Ostern. Das sind genau 40 Tage. In dieser Zeit denken Christen z.B. bei Passionsandachten in der Kirche an den Leidensweg Jesu vor seinem Tod. Die Passionszeit ist seit alters her auch eine Fastenzeit. Heute beteiligen sich viele Christen an der Aktion „Sieben-Wochen-ohne" und verzichten in dieser Zeit auf eingelebte schlechte Gewohnheiten, um zu erfahren, was wirklich wichtig ist im Leben.

KARFREITAG

Am Karfreitag denken die Christen an die Kreuzigung und an den Tod Jesu. Zum Gottesdienst wird nicht geläutet, in der Kirche stehen keine Kerzen und Blumen auf dem Altar. In der Öffentlichkeit ist Karfreitag ein besonders geschützter Feiertag, an dem z.B. öffentliche Sport- und Tanzveranstaltungen weitgehend verboten sind.

OSTERN

Ostern, das Fest der Auferstehung Jesu, ist der höchste Feiertag in der Kirche. Das sieht man auch daran, dass die Termine anderer kirchlicher Feiertage von Ostern abhängen:

40 Tage vor Ostern beginnt die Passionszeit, 40 Tage nach Ostern ist der Himmelfahrtstag und 10 Tage später wird Pfingsten gefeiert. Der Ostertermin liegt immer auf dem ersten Sonntag nach dem ersten Frühjahrsvollmond. Die ersten Christen kannten noch kein eigenes Osterfest, sondern feierten die Auferstehung Jesu an jedem Sonntag – aber ohne Osterhase und Ostereier.

CHRISTI HIMMELFAHRT

Himmelfahrt fällt immer auf einen Donnerstag, 40 Tage nach Ostern und 10 Tage vor Pfingsten. In vielen Gemeinden wird der Gottesdienst an diesem Tag im „Freien" oder „Grünen" gefeiert.

PFINGSTEN

Die Apostelgeschichte erzählt, was sich 50 Tage nach Ostern (Pfingsten = griech. „der fünfzigste Tag") ereignete: Unter dem Einfluss des Heiligen Geistes beginnen die Jünger Jesu allen Menschen, die sich aus vielen Ländern zum jüdischen „Wochenfest" in Jerusalem versammelt haben, von Jesus zu erzählen. Die Kirche feiert Pfingsten daher ihren Geburtstag.

„Man muss nicht unbedingt wissen, wann der Weltwassertag oder der Welttourismustag ist, aber wenn Ostern, Advent, Pfingsten, Erntedankfest oder der Reformationstag in Vergessenheit gerieten, nähme die Gesellschaft Schaden. Denn eine Gesellschaft lebt auch

aus ihrem kulturellen Gedächtnis, aus ihren gemeinsa-
men Festen und Feiertagen, aus ihren gemeinsamen
Erzählungen.“

ERNTEDANKFEST

Am ersten Sonntag im Oktober wird in den evangelischen
Kirchen das Erntedankfest gefeiert. In der Kirche wird der
Altar mit Früchten und Lebensmitteln geschmückt, die
nach dem Gottesdienst in der Regel einer Armenküche ge-
spendet werden.

REFORMATIONSTAG

Am 31.10.1517 veröffentlichte Martin Luther 95 Thesen zur
Erneuerung der damaligen Kirche. Damit begann die Re-
formation. Seit dem 17. Jahrhundert feiern evangelische
Christen weltweit diesen Tag mit Gottesdiensten. In neun
Bundesländern ist der Reformationstag inzwischen ein
staatlicher Feiertag.

TOTENSONNTAG

An diesem Sonntag, dem letzten des Kirchenjahres, gedenken evangelische Christen ihrer Toten (ähnlich wie
katholische Christen am Allerseelentag am 2.11.). In den
Gottesdiensten werden die Namen der im letzten Jahr verstorbenen Gemeindeglieder vorgelesen. Familienangehöri-
ge besuchen und schmücken auf den Friedhöfen die Gräber.

DAS VATERUNSER

Das Vaterunser stammt von Jesus. Als die Jünger fragten, wie sie beten sollten, hat er es ihnen vorgesprochen. Es ist kurz, enthält nur 63 Worte und umfasst doch das ganze Leben. Das Vaterunser verbindet alle Christen: evangelische und katholische, orthodoxe und anglikanische - auch wenn der Wortlaut manchmal etwas verändert ist. So beginnen reformierte Christen: „Unser Vater im Himmel".

Jesus hat das Vaterunser ursprünglich aramäisch gesprochen, in der Bibel ist es griechisch überliefert, heute wird es in allen Sprachen der Welt gebetet.

Vater unser im Himmel.
Geheiligt werde dein Name.
Dein Reich komme.
Dein Wille geschehe, wie im Himmel, so auf Erden.
Unser tägliches Brot gib uns heute.
Und vergib uns unsere Schuld,
wie auch wir vergeben unseren Schuldigern.
Und führe uns nicht in Versuchung,
sondern erlöse uns von dem Bösen.
Denn dein ist das Reich und die Kraft und die Herrlichkeit in Ewigkeit.
Amen.   (Matthäus 6, 9-13)

DAS GLAUBENSBEKENNTNIS

Das „Apostolische Glaubensbekenntnis" fasst mit wenigen Sätzen das Wesentliche des christlichen Glaubens zusammen. Früher glaubte man, dass es von den Aposteln verfasst worden sei. Es entstand jedoch im 4. Jahrhundert und wurde in Taufgottesdiensten von denen gesprochen, die sich bekehren und taufen lassen wollten. Heute ist es das Bekenntnis, in dem alle christlichen Kirchen auf der Erde übereinstimmen.

Ich glaube an Gott, den Vater, den Allmächtigen,
den Schöpfer des Himmels und der Erde.
Und an Jesus Christus,
seinen eingeborenen Sohn, unsern Herrn,
empfangen durch den Heiligen Geist,
geboren von der Jungfrau Maria,
gelitten unter Pontius Pilatus,
gekreuzigt, gestorben und begraben,
hinabgestiegen in das Reich des Todes,
am dritten Tage auferstanden von den Toten,
aufgefahren in den Himmel;
er sitzt zur Rechten Gottes,
des allmächtigen Vaters;
von dort wird er kommen,
zu richten die Lebenden und die Toten.
Ich glaube an den Heiligen Geist,
die heilige, christliche Kirche,
Gemeinschaft der Heiligen,
Vergebung der Sünden,
Auferstehung der Toten
und das ewige Leben.
Amen

DIE ZEHN GEBOTE

Für Juden und Christen sind die Zehn Gebote der Bibel bis heute eine Richtschnur für ein verantwortliches Leben in der Gesellschaft. Die Zehn Gebote haben unsere Kultur geprägt. Thomas Mann hat die Gebote als „Grundweisung und Fels des Menschenanstandes unter den Völkern der Erde" bezeichnet. Sie sind so etwas wie Grenzlinien, die die menschliche Gesellschaft vor der Unmenschlichkeit schützen.

Von Juden und Christen und in den verschiedenen Konfessionen werden die Zehn Gebote zum Teil unterschiedlich gezählt. Die folgende Fassung folgt der biblischen Zählweise.

1. Ich bin der Herr, dein Gott. Du sollst keine anderen Götter haben neben mir.
2. Du sollst dir kein Gottesbild machen, das du anbetest und dem du dienst.
3. Du sollst den Namen des Herrn, deines Gottes, nicht missbrauchen.
4. Du sollst den Feiertag heiligen.
5. Du sollst deinen Vater und deine Mutter ehren, auf dass es dir wohl ergehe und du lange lebest auf Erden.
6. Du sollst nicht töten.
7. Du sollst nicht ehebrechen.
8. Du sollst nicht stehlen.
9. Du sollst nicht falsch Zeugnis reden wider deinen Nächsten.
10. Du sollst nicht begehren, was deinem Nächsten gehört.

(2. Mose 20, 2-17)

BIBELTEXTE

Die Bibel ist für Christen das Buch des Lebens: zeitlos und aktuell, tröstend und in Frage stellend. In Jesus Christus, wie die Bibel ihn bezeugt, zeigt sie das Gesicht Gottes in der Welt. Die Bibel ist Schlüssel zum Glauben und zugleich Schlüssel zum Verständnis unserer Kultur. Kein Buch enthält so viele Erfahrungen über Gott und die Welt wie die Bibel. Es sind die Erfahrungen von Generationen, die aufbewahrt worden sind, weil wir Menschen uns in ihnen selbst begreifen können: Geschichten, die mir zeigen, woher ich komme, wohin ich gehe, was im Leben wichtig ist und worauf ich vertrauen kann.

ZWÖLF ANSTÖSSE, DIE BIBEL ZU LESEN

1. Wer die Bibel liest, begegnet seinen Wurzeln.
2. Wer die Bibel liest, achtet Israel.
3. Wer die Bibel liest, versteht mehr von Kultur.
4. Wer die Bibel liest, lernt andere zu würdigen.
5. Wer die Bibel liest, hält inne.
6. Wer die Bibel liest, sucht Wahrheit.
7. Wer die Bibel liest, gewinnt Freiheit.
8. Wer die Bibel liest, wird reich.
9. Wer die Bibel liest, weiß sich geliebt.
10. Wer die Bibel liest, bleibt nicht allein.
11. Wer die Bibel liest, gewinnt das Leben.
12. Wer die Bibel liest, begegnet Gott.

(EKD 2003)

PSALM 23

Der 23. Psalm, uralt und makellos schön – ein Gebet des Friedens und der Zuversicht und der Geborgenheit. Einer der tröstlichsten Texte der Bibel. Viele haben diesen Psalm in Stunden der Bedrängnis gelesen und nicht wenige tragen ihn ihr Leben lang mit sich.

> Der HERR ist mein Hirte,
> mir wird nichts mangeln.
> Er weidet mich auf einer grünen Aue
> und führet mich zum frischen Wasser.
> Er erquicket meine Seele.
> Er führet mich auf rechter Straße um seines Namens willen.
> Und ob ich schon wanderte im finstern Tal,
> fürchte ich kein Unglück;
> denn du bist bei mir,
> dein Stecken und Stab trösten mich.
> Du bereitest vor mir einen Tisch
> im Angesicht meiner Feinde.
> Du salbest mein Haupt mit Öl
> und schenkest mir voll ein.
> Gutes und Barmherzigkeit werden mir folgen mein Leben lang,
> und ich werde bleiben im Hause des HERRN immerdar.

PSALM 90

Deutlicher als jeder andere biblische Text spricht der 90. Psalm das Gefühl der vergehenden Zeit an: „Denn tausend Jahre sind vor dir wie der Tag, der gestern vergangen ist." Wer will das begreifen? Das menschliche Leben im Angesicht der Ewigkeit Gottes.

HERR,
seit Menschengedenken bist du unsere Zuflucht.
Ehe die Berge geboren wurden
und die Erde und die Welt geschaffen wurden,
bist du, Gott, von Ewigkeit zu Ewigkeit.
Du lässt die Menschen zurückkehren zum Staub
und sprichst: Kommt wieder, Menschenkinder.
Denn tausend Jahre sind vor dir
wie der Tag, der gestern vergangen ist,
und wie eine Wache in der Nacht.
Du raffst die Menschen dahin.
Sie verschwinden wie im Traum
und sind vergänglich wie das Gras.
Am Morgen grünt es und blüht,
am Abend welkt es und verdorrt.
Denn wir schwinden dahin durch deinen Zorn
und durch deinen Grimm werden wir erschreckt.
Denn unsere Sünden stellst du vor dich,
unsere geheime Schuld ins Licht deines Angesichtes.
Darum fahren alle unsre Tage dahin unter deinem Zorn,
wir bringen unsre Jahre zu wie ein Geschwätz.
Unser Leben währet siebzig Jahre,
und wenn' hoch kommt, so sind's achtzig Jahre.
Das Beste daran ist nur Mühsal und Beschwernis,
wie schnell ist alles vorbei,
unsere Zeit vergeht wie im Fluge.
Wer glaubt's aber, dass du so sehr zürnest
und wer fürchtet sich vor dir in deinem Grimm?
Unsere Tage zu zählen, lehre uns,
damit wir ein weises Herz gewinnen.

(Psalm 90, 1-12)

PSALM 103

Im 103. Psalm spricht einer aus, was ihm an Gutem im Leben widerfahren ist. Der Psalm ist ein Loblied auf die Güte und Barmherzigkeit Gottes, die alle menschliche Schuld überwindet.

Lobe den HERRN, meine Seele,
und alles, was in mir ist, seinen heiligen Namen.
Lobe den HERRN, meine Seele, und vergiss nicht, was er
dir Gutes getan hat.
Der dir all deine Schuld vergibt und heilt alle deine Krankheiten,
der dein Leben vor dem Untergang bewahrt,
der dich krönet mit Gnade und Barmherzigkeit,
der deinen Mund fröhlich macht
und du wieder jung wirst wie ein Adler.
Der HERR schafft Gerechtigkeit und Recht
allen, die Unrecht leiden.
Er hat Mose seine Wege kundgetan,
den Kindern Israel seine Taten.
Barmherzig und gnädig ist der HERR,
geduldig und von großer Güte.
Er klagt nicht für immer an und bleibt nicht für alle Zeit zornig.
Er handelt nicht mit uns nach unsern Sünden
und straft uns nicht, wie wir es verdienten.
So hoch der Himmel über der Erde ist,
so groß ist seine Gnade über denen, die ihn fürchten.
So fern der Morgen ist vom Abend,
so weit entfernt er die Schuld von uns.
Wie sich ein Vater über Kinder erbarmt,
so erbarmt sich der HERR über alle, die ihn fürchten.

(Psalm 103, 1-13)

PSALM 121

Der 121. Psalm ist ursprünglich ein Wallfahrtslied, ein Psalm für Menschen unterwegs - auf ungewissen Wegen, unterwegs im Leben. „Meine Hilfe kommt vom HERRN, der Himmel und Erde gemacht hat." Der 121. Psalm spricht vom Schutz Gottes auf dem Weg durch's Leben.

Ich hebe meine Augen auf zu den Bergen.
Woher kommt mir Hilfe?
Meine Hilfe kommt vom HERRN,
der Himmel und Erde gemacht hat.
Er wird deinen Fuß nicht gleiten lassen,
und der dich behütet, schläft nicht.
Siehe, der Hüter Israels schläft und schlummert nicht.
Der HERR behütet dich,
der HERR ist dein Schatten über deiner rechten Hand,
dass dich des Tages die Sonne nicht steche
noch der Mond des Nachts.
Der HERR behüte dich vor allem Übel,
er behüte deine Seele.
Der HERR behüte deinen Ausgang und Eingang
von nun an bis in Ewigkeit.

DIE SELIGPREISUNGEN

Die Seligpreisungen stehen am Anfang der Bergpredigt. Jesus beginnt seine Rede nicht mit Appellen und Forderungen, sondern mit einer großen Heilszusage für die Armen und Verfolgten, für die Trauernden und Gewaltlosen.

Als er die vielen Menschen sah, ging er auf einen Berg.
Und als er sich gesetzt hatte, traten seine Jünger zu
ihm. Und er tat seinen Mund auf und lehrte sie:
Selig sind die Armen im Geist,
ihnen gehört das Himmelreich.
Selig sind die Trauernden,
sie sollen getröstet werden.
Selig sind die Gewaltlosen,
sie werden die Erde besitzen.
Selig sind, die hungert und dürstet nach Gerechtigkeit,
sie sollen satt werden.
Selig sind die Barmherzigen,
sie werden Barmherzigkeit erlangen.
Selig sind, die reinen Herzens sind,
sie werden Gott schauen.
Selig sind, die Frieden stiften,
sie werden Gottes Kinder heißen.
Selig sind, die um der Gerechtigkeit willen verfolgt werden,
ihnen gehört das Himmelreich.
(Matthäus 5, 1-10)

DIE AUFERSTEHUNG JESU

Die Nachricht von der Auferstehung Jesu stieß von Anfang
an auf Zweifel und Skepsis. Was die Ostererzählungen be-
richten, ist etwas Ungeheuerliches: Gott handelt dort, wo
kein Mensch mehr etwas ausrichten kann.

Als der Sabbat vorüber war, kauften Maria Magdalena
und Maria, die Mutter des Jakobus, und Salome wohlrie-
chende Öle, um Jesus damit einzubalsamieren. Und sie

kamen zum Grab am ersten Tag der Woche, sehr früh, als eben die Sonne aufging. Unterwegs hatten sie zueinander gesagt: „Wer wird uns den Stein aus dem Eingang des Grabes wegrollen?"

Doch als sie jetzt davorstanden, sahen sie, dass der große, schwere Stein weggerollt worden war. Sie gingen in die Grabkammer hinein und sahen rechts einen Jüngling in einem leuchtenden Gewand sitzen. Und sie wurden starr vor Schrecken. Der Jüngling sagte zu ihnen: „Habt keine Angst! Ihr sucht Jesus von Nazareth, den Gekreuzigten. Er ist auferweckt worden. Er ist nicht hier. Seht, da ist die Stelle, wo man ihn hingelegt hatte. Macht euch auf und sagt seinen Jüngern und Petrus, dass er euch nach Galiläa vorausgeht. Dort werdet ihr ihn sehen, wie er es euch gesagt hat."

Zitternd vor Furcht und Entsetzen verließen die Frauen das Grab und liefen davon. Sie hatten solche Angst, dass sie niemand etwas von dem erzählten, was sie erlebt hatten.
(Markus 16, 1-8)

DIE WEIHNACHTSGESCHICHTE

Die vertraute Weihnachtsgeschichte aus dem Lukasevangelium, für viele die schönste Erzählung der Welt, ist weder idyllisch noch harmlos. Die Welt wird hier auf den Kopf gestellt: Nicht der mächtige Kaiser in Rom, sondern das kleine Kind im Stall bringt Frieden auf Erden. Gott selbst nimmt Partei für den armen Menschen.

Es begab sich aber zu der Zeit, dass ein Gebot von dem Kaiser Augustus ausging, dass alle Welt geschätzt würde. Und diese Schätzung war die allererste und geschah zur Zeit, da Quirinius Statthalter in Syrien war. Und jedermann ging, dass er sich schätzen ließe, ein jeglicher in seine Stadt.

Da machte sich auf auch Josef aus Galiläa, aus der Stadt Nazareth, in das judäische Land, zur Stadt Davids, die da heißt Bethlehem, darum dass er von dem Hause und Geschlechte Davids war, auf dass er sich schätzen ließe mit Maria, seinem vertrauten Weibe, die war schwanger. Und als sie daselbst waren, kam die Zeit, dass sie gebären sollte. Und sie gebar ihren ersten Sohn und wickelte ihn in Windeln und legte ihn in eine Krippe; denn sie hatten sonst keinen Raum in der Herberge.

Und es waren Hirten in derselben Gegend auf dem Felde bei den Hürden, die hüteten des Nachts ihre Herde. Und des Herrn Engel trat zu ihnen, und die Klarheit des Herrn leuchtete um sie; und sie fürchteten sich sehr. Und der Engel sprach zu ihnen: „Fürchtet euch nicht! Siehe, ich verkündige euch große Freude, die allem Volk widerfahren wird; denn euch ist heute der Heiland geboren, welcher ist Christus, der Herr, in der Stadt Davids. Und das habt zum Zeichen: Ihr werdet finden das Kind in Windeln gewickelt und in einer Krippe liegen." Und alsbald war da bei dem Engel die Menge der himmlischen Heerscharen, die lobten Gott und sprachen: „Ehre sei Gott in der Höhe und Friede auf Erden bei den Menschen seines Wohlgefallens."

Und da die Engel von ihnen gen Himmel fuhren, sprachen die Hirten untereinander: „Lasst uns nun gehen gen Bethlehem und die Geschichte sehen, die da geschehen ist, die uns der Herr kundgetan hat." Und sie kamen eilend und fanden beide, Maria und Josef, dazu das Kind in der Krippe liegen. Da sie es aber gesehen hatten, breiteten sie das Wort aus, welches zu ihnen von diesem Kinde gesagt war. Und alle, vor die es kam, wunderten sich über die Rede, die ihnen die Hirten gesagt hatten. Maria aber behielt alle diese Worte und bewegte sie in ihrem Herzen. Und die Hirten kehrten wieder um, priesen und lobten Gott für alles, was sie gehört und gesehen hatten, wie denn zu ihnen gesagt war.
(Lukas 2, 1-20)

DAS „HOHE LIED DER LIEBE"

Man hat das 13. Kapitel des 1. Korintherbriefs das „Hohe Lied der Liebe" genannt. Paulus erklärt hier alles, auch die scheinbar besten Taten, in großer Souveränität für wertlos, wenn sie ohne Liebe geschehen. Die Liebe ist das Maß aller Dinge. Von allem, was wir getan und zustande gebracht haben, überlebt allein die Liebe.

Wenn ich mit Menschen- und mit Engelszungen rede, aber keine Liebe habe, so bin ich nur ein dröhnender Gong oder eine lärmende Pauke. Wenn ich prophetisch reden könnte und alle Geheimnisse Gottes weiß und alle Erkenntnis besitze und so viel Glauben hätte, dass ich Berge versetzen könnte, aber keine Liebe habe, so bin ich nichts. Wenn ich all meinen Besitz an die Armen verteile und mein Leben opferte und mich bei lebendigem Leib verbrennen lasse, aber keine Liebe habe, so nützt es mir nichts.

Die Liebe ist geduldig und freundlich, sie eifert nicht. Die Liebe prahlt nicht, sie bläht sich nicht auf.

Sie verhält sich nicht taktlos, sie sucht nicht den eigenen Vorteil.

Sie lässt sich nicht erbittern, sie rechnet das Böse nicht zu. Sie freut sich nicht über das Unrecht, sie freut sich aber an der Wahrheit.

Sie erträgt alles, glaubt alles, hofft alles, erduldet alles.

Prophetische Eingebungen werden vergehen, himmlische Sprachen werden aufhören, Erkenntnis wird zunichtewerden - die Liebe bleibt. Denn unser Wissen ist Stückwerk und unser prophetisches Reden ist Stückwerk. Wenn aber das Vollkommene kommt, dann wird zunichtewerden, was nur Stückwerk ist.

Als ich ein Kind war, sprach ich wie ein Kind, dachte wie ein Kind, urteilte wie ein Kind. Doch als Erwachsener habe ich abgelegt, was kindlich ist. Wir sehen jetzt durch einen Spiegel in einem dunklen Bild, dann aber von Angesicht zu Angesicht. Jetzt ist mein Erkennen Stückwerk, dann aber werde ich ganz erkennen, so wie Gott mich ganz erkannt hat.

Nun aber bleiben Glaube, Hoffnung, Liebe, diese drei; aber die Liebe ist die größte unter ihnen.

GESANGBUCHLIEDER

Macht hoch die Tür, die Tor macht weit,
es kommt der Herr der Herrlichkeit,
ein König aller Königreich,
ein Heiland aller Welt zugleich,
der Heil und Leben mit sich bringt;
derhalben jauchzt, mit Freuden singt:
Gelobet sei mein Gott,
mein Schöpfer reich von Rat.

Er ist gerecht, ein Helfer wert;
Sanftmütigkeit ist sein Gefährt,
sein Königskron ist Heiligkeit,
sein Zepter ist Barmherzigkeit;
all unsre Not zum End er bringt,
derhalben jauchzt, mit Freuden singt:
Gelobet sei mein Gott,
mein Heiland groß von Tat. (EG 1, 1-2)

Es kommt ein Schiff, geladen bis an sein höchsten Bord,
trägt Gottes Sohn voll Gnaden, des Vaters ewigs Wort.
Das Schiff geht still im Triebe, es trägt ein teure Last;
das Segel ist die Liebe, der Heilig Geist der Mast.

Der Anker haft' auf Erden, da ist das Schiff an Land.
Das Wort will Fleisch uns werden, der Sohn ist uns gesandt.
Zu Bethlehem geboren im Stall ein Kindelein,
gibt sich für uns verloren, gelobet muss es sein. (EG 8, 1-4)

Ich steh an deiner Krippen hier, o Jesu, du mein Leben;
ich komme, bring und schenke dir, was du mir hast gegeben.
Nimm hin, es ist mein Geist und Sinn,
Herz, Seel und Mut, nimm alles hin
und lass dir's wohlgefallen.

Ich sehe dich mit Freuden an und kann mich nicht satt sehen;
und weil ich nun nichts weiter kann, bleib ich anbetend stehen.
O dass mein Sinn ein Abgrund wär
und meine Seel ein weites Meer,
dass ich dich möchte fassen! (EG 37, 1+4)

O du fröhliche, o du selige,
gnadenbringende Weihnachtszeit!
Welt ging verloren, Christ ist geboren:
Freue, freue dich, o Christenheit!

O du fröhliche, o du selige
gnadenbringende Weihnachtszeit!
Christ ist erschienen, uns zu versühnen:
Freue, freue dich, o Christenheit!

O du fröhliche, o du selige
gnadenbringende Weihnachtszeit!
Himmlische Heere jauchzen dir Ehre:
Freue, freue dich, o Christenheit! (EG 44)

Lobet den Herren alle, die ihn ehren;
lasst uns mit Freuden seinem Namen singen
und Preis und Dank zu seinem Altar bringen.
Lobet den Herren!

Der unser Leben, das er uns gegeben,
in dieser Nacht so väterlich bedecket
und aus dem Schlaf uns fröhlich auferwecket:
Lobet den Herren!

O treuer Hüter, Brunnen aller Güter,
ach lass doch ferner über unser Leben
bei Tag und Nacht dein Huld und Güte schweben.
Lobet den Herren!

Gib, dass wir heute, Herr, durch dein Geleite
auf unsern Wegen unverhindert gehen
und überall in deiner Gnade stehen.
Lobet den Herren!
(EG 447, 1.2.6.7)

.

Die güldne Sonne voll Freud und Wonne bringt unsern Grenzen
mit ihrem Glänzen ein herzerquickendes, liebliches Licht.
Mein Haupt und Glieder, die lagen darnieder; aber nun steh ich,
bin munter und fröhlich, schaue den Himmel mit meinem Gesicht.

Abend und Morgen sind seine Sorgen; segnen und mehren,
Unglück verwehren sind seine Werke und Taten allein.
Wenn wir uns legen, so ist er zugegen; wenn wir aufstehen,
so lässt er aufgehen über uns seiner Barmherzigkeit Schein.
(EG 449, 1+4)

Lobe den Herren, den mächtigen König der Ehren,
meine geliebete Seele, das ist mein Begehren.
Kommet zuhauf, Psalter und Harfe, wacht auf,
lasset den Lobgesang hören.

Lobet den Herren, der alles so herrlich regieret,
der dich auf Adelers Fittichen sicher geführet,
der dich erhält, wie es dir selber gefällt;
hast du nicht dieses verspüret?

Lobe den Herren, der künstlich und fein dich bereitet,
der dir Gesundheit verliehen, dich freundlich geleitet.
In wieviel Not hat nicht der gnädige Gott
über dir Flügel gebreitet!

Lobe den Herren, der sichtbar dein Leben gesegnet,
der aus dem Himmel mit Strömen der Liebe geregnet.
Denke daran, was der Allmächtige kann,
der dir mit Liebe begegnet. (EG 317, 1-4)

Nun danket alle Gott mit Herzen, Mund und Händen,
der große Dinge tut an uns und allen Enden,
der uns von Mutterleib und Kindesbeinen an
unzählig viel zu gut bis hierher hat getan.

Der ewigreiche Gott woll uns bei unserm Leben
ein immer fröhlich Herz und edlen Frieden geben
und uns in seiner Gnad erhalten fort und fort
und uns aus aller Not erlösen hier und dort.
(EG 321, 1-2)

Geh aus, mein Herz, und suche Freud
in dieser lieben Sommerzeit an deines Gottes Gaben;
schau an der schönen Gärten Zier,
und siehe, wie sie mir und dir sich ausgeschmücket haben.

Die Bäume stehen voller Laub,
das Erdreich decket seinen Staub mit einem grünen Kleide;
Narzissus und die Tulipan,
die ziehen sich viel schöner an als Salomonis Seide.

Die Lerche schwingt sich in die Luft,
das Täublein fliegt aus seiner Kluft und macht sich in die Wälder;
die hochbegabte Nachtigall
ergötzt und füllt mit ihrem Schall Berg, Hügel, Tal und Felder.

Die Glucke führt ihr Völklein aus,
der Storch baut und bewohnt sein Haus, das Schwälblein
speist die Jungen, der schnelle Hirsch, das leichte Reh
ist froh und kommt aus seiner Höh ins tiefe Gras gesprungen.

Die unverdrossne Bienenschar
fliegt hin und her, sucht hier und da ihr edle Honigspeise;
des süßen Weinstocks starker Saft
bringt täglich neue Stärk und Kraft in seinem schwachen Reise.

Der Weizen wächset mit Gewalt;
darüber jauchzet jung und alt und rühmt die große Güte
des, der so überfließend labt
und mit so manchem Gut begabt das menschliche Gemüte.

Ich selber kann und mag nicht ruhn,
des großen Gottes großes Tun erweckt mir alle Sinnen;
ich singe mit, wenn alles singt,
und lasse, was dem Höchsten klingt,
aus meinem Herzen rinnen. (EG 503, 1-4.6-8)

Befiehl du deine Wege und was dein Herze kränkt
der allertreusten Pflege des, der den Himmel lenkt.
Der Wolken, Luft und Winden gibt Wege, Lauf und Bahn,
der wird auch Wege finden, da dein Fuß gehen kann.

Dem Herren musst du trauen, wenn dir's soll wohlergehen;
auf sein Werk musst du schauen, wenn dein Werk soll bestehn.
Mit Sorgen und mit Grämen und mit selbsteigner Pein
lässt Gott sich gar nichts nehmen, es muss erbeten sein.

Auf, auf, gib deinem Schmerze und Sorgen gute Nacht,
lass fahren, was das Herze betrübt und traurig macht;
bist du doch nicht Regente, der alles führen soll,
Gott sitzt im Regimente und führet alles wohl.
(EG 361, 1.2.7)

Ein feste Burg ist unser Gott, ein gute Wehr und Waffen.
Er hilft uns frei aus aller Not, die uns jetzt hat betroffen.
Der alt böse Feind mit Ernst er's jetzt meint,
groß Macht und viel List sein grausam Rüstung ist,
auf Erd ist nicht seinsgleichen.

Und wenn die Welt voll Teufel wär und wollt uns gar verschlingen,
so fürchten wir uns nicht so sehr, es soll uns doch gelingen.
Der Fürst dieser Welt, wie sau'r er sich stellt,
tut er uns doch nicht; das macht, er ist gericht':
ein Wörtlein kann ihn fällen.
(EG 362, 1+3)

Wer nur den lieben Gott lässt walten
und hoffet auf ihn allezeit,
den wird er wunderbar erhalten
in aller Not und Traurigkeit.
Wer Gott, dem Allerhöchsten, traut,
der hat auf keinen Sand gebaut.

Was helfen uns die schweren Sorgen,
was hilft uns unser Weh und Ach?
Was hilft es, dass wir alle Morgen
beseufzen unser Ungemach?
Wir machen unser Kreuz und Leid
nur größer durch die Traurigkeit.

Sing, bet und geh auf Gottes Wegen,
verricht das Deine nur getreu
und trau des Himmels reichem Segen,
so wird er bei dir werden neu.
Denn welcher seine Zuversicht
auf Gott setzt, den verlässt er nicht. (EG 369, 1.2.7)

Wenn ich einmal soll scheiden, so scheide nicht von mir,
wenn ich den Tod soll leiden, so tritt du dann herfür;
wenn mir am allerbängsten wird um das Herze sein,
so reiß mich aus den Ängsten kraft deiner Angst und Pein.

Erscheine mir zum Schilde, zum Trost in meinem Tod,
und lass mich sehn dein Bilde in deiner Kreuzesnot.
Da will ich nach dir blicken, da will ich glaubensvoll
dich fest an mein Herz drücken. Wer so stirbt, der stirbt wohl.
(EG 85, 9+10)

Von guten Mächten treu und still umgeben
behütet und getröstet wunderbar,
so will ich diese Tage mit euch leben
und mit euch gehen in ein neues Jahr.

Noch will das alte unsre Herzen quälen,
noch drückt uns böser Tage schwere Last.
Ach Herr, gib unsern aufgeschreckten Seelen
das Heil, für das du uns geschaffen hast.

Und reichst du uns den schweren Kelch, den bittern
des Leids, gefüllt bis an den höchsten Rand,
so nehmen wir ihn dankbar ohne Zittern
aus deiner guten und geliebten Hand.

Doch willst du uns noch einmal Freude schenken
an dieser Welt und ihrer Sonne Glanz,
dann wollen wir des Vergangenen gedenken,
und dann gehört dir unser Leben ganz.

Lass warm und hell die Kerzen heute flammen,
die du in unsre Dunkelheit gebracht,
führ, wenn es sein kann, wieder uns zusammen.
Wir wissen es, dein Licht scheint in der Nacht.

Wenn sich die Stille nun tief um uns breitet,
so lass uns hören jenen vollen Klang
der Welt, die unsichtbar sich um uns weitet,
all deiner Kinder hohen Lobgesang.

Von guten Mächten wunderbar geborgen,
erwarten wir getrost, was kommen mag.
Gott ist bei uns am Abend und am Morgen
und ganz gewiss an jedem neuen Tag. (EG 65)

Der Mond ist aufgegangen,
die goldnen Sternlein prangen
am Himmel hell und klar.
Der Wald steht schwarz und schweiget
und aus den Wiesen steiget
der weiße Nebel wunderbar.

Wie ist die Welt so stille
und in der Dämmrung Hülle
so traulich und so hold
als eine stille Kammer,
wo ihr des Tages Jammer
verschlafen und vergessen sollt.

Seht ihr den Mond dort stehen?
Er ist nur halb zu sehen
und ist doch rund und schön.
So sind wohl manche Sachen,
die wir getrost belachen,
weil unsre Augen sie nicht sehn.

Wir stolzen Menschenkinder
sind eitel arme Sünder
und wissen gar nicht viel.
Wir spinnen Luftgespinste
und suchen viele Künste
und kommen weiter von dem Ziel.

Gott, lass uns dein Heil schauen,
auf nichts Vergänglichs trauen,
nicht Eitelkeit uns freun;
lass uns einfältig werden
und vor dir hier auf Erden
wie Kinder fromm und fröhlich sein.

Wollst endlich sonder Grämen
aus dieser Welt uns nehmen
durch einen sanften Tod;
und wenn du uns genommen,
lass uns in' Himmel kommen,
du unser Herr und unser Gott.

So legt euch Schwestern, Brüder,
in Gottes Namen nieder;
kalt ist der Abendhauch.
Verschon uns Gott mit Strafen
und lass uns ruhig schlafen.
Und unsern kranken Nachbarn auch!
(EG 482)

HANS-MARTIN LÜBKING
Über den Autor

Prof. Dr. Hans-Martin Lübking, geb. 1948, war zunächst Gemeindepfarrer und Dozent für Konfirmandenarbeit. Von 1996 bis 2013 leitete er als Direktor das Pädagogische Institut der Evangelischen Kirche von Westfalen. Seit 2001 ist er Honorarprofessor an der Universität Münster.

Als Buch-Autor und Herausgeber schuf er zahlreiche erfolgreiche Publikationen für die Konfirmanden- und Gemeindearbeit sowie christliche Literatur zu biblischen und seelsorglichen Themen. Zuletzt erschienen:

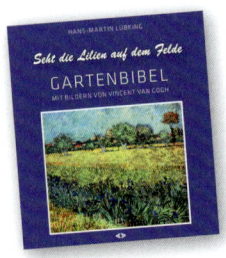

Seht die Lilien auf dem Felde
Garten-Bibel
Mit Bildern von Vincent van Gogh
60 Seiten, 20 x 22 cm
Verlag Agentur Altepost
Hörstel 2020

Gemeinsam mit dem Pfarrer und Kommunikationsfachwirt Uwe-C. Moggert-Seils (r) und dem Literaturagenten und Verleger Klaus Altepost (l) gibt Hans-Martin Lübking seit 2015 die Serie „Edition Glaubenssachen" heraus, die sich vor allem mit den Themen „Glauben und Theologie" befasst.

Für Rückmeldungen und Informationen schreiben Sie bitte an: info@edition-glaubenssachen.de .

Klaus Altepost

TON SCHULTEN
Ein Maler des Lichts, der Heimat und der Lebensfreude

Wie malt ein Künstler, der viele Wege im Leben gegangen ist, aber seinen Weg zu Gott gefunden hat?

Ton Schulten ist ein Maler der heimatlichen Wege. Diese Wege, Wiesen und Felder liegen in seinen Bildern in ihrer ganzen landschaftlichen Schönheit vor uns. Menschen, die auf dem Weg sind, verändern sich, entwickeln und verwandeln sich; sie sehen die Felder, Blumen, Häuser, die Weite und das Licht seiner heimatlichen Landschaft – und werden fasziniert von der inspirierenden Kraft der Schöpfung, vom Geheimnis der Farben, von der Liebe Gottes, die sich durch die leuchtenden Bilder zeigt und in uns eine Heiterkeit erzeugt, die aus tiefstem Herzen Ja zum Leben sagt.

Wenn wir auf die Bilder des Künstlers Ton Schulten schauen, werden wir eingeladen, diese Wege mitzugehen, still zu werden und nach innen zu schauen. Diese Bilder geben Kraft und Hoffnung, sie lassen uns ein wenig das Geheimnis des Lebens entdecken und verstehen. Gottes Licht ist in der Welt, es leuchtet in allen Dingen, in Wiesen und Feldern, in Bäumen und Häusern – und auch in uns selbst. Jeder wird es woanders entdecken, in seiner eigenen Landschaft, auf seinem eigenen Lebensweg. Das Licht verwandelt die Welt. Die Bilder von Ton Schulten können uns dabei helfen, unser Leben zu bestehen.

Ton Schulten wurde am 25. April 1938 in Ootmarsum/Niederlande geboren. Seine künstlerischen Lichtlandschaften erzählen vom Konsens mit der Natur, die er als Gottes Schöpfung begreift. Als Maler des Konsensismus gelten seine Bilder ebenso als Hymnen auf die Kraft von Licht und Farbe wie auch als Zeugnisse einer tiefen mystischen Sehnsucht nach dem wahren Licht im Leben. Seine Bilder, die inzwischen weltweit auf großen Ausstellungen zu sehen sind, führen den Betrachter zur Stille und lenken den Blick nach innen, zum Frieden und zum inneren Glück.

In Ootmarsum befinden sich ein eigenes Museum und mehrere Galerien mit seinen Arbeiten. www.tonschulten.nl

Klaus Altepost

Titel | Seite 72/73
Kasteeltuin
2008
67 x 103 cm

Seite 9
Winter
2002
148 x 148 cm

Seite 17
Zonnige waterkant
2012
200 x 80 cm

Seite 23
Voorjaarsbloesem
2007
178 x 108 cm

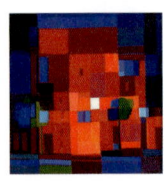

Seite 29
In de zon
2003
118 x 118 cm

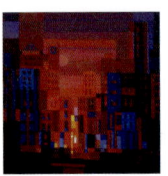

Seite 35
Stad in beweging
2006
148 x 148 cm

Seite 39
Kleurrijk
2017
118 x 88 cm

Seite 55
Door de akkers
2017
178 x 108 cm

Seite 59
Het wordt licht
2014
118 x 87 cm

Seite 78/79
Naar de horizon
2018
120 x 200 cm

Seite 83
Vredig
2018
178 x 108 cm

Seite 104/105
Stad in licht
2000
150 x 150 cm